AUF GOTTES WEGE ACHTEN

GEFAHREN UND STOLPERSTEINE

Ein Aufruf an Christen nach dem Wesen des Christus zu trachten

PATRICK LEGENSTEIN

2023

INHALTSVERZEICHNIS

1. EINLEITUNG

Stell dir vor, du bist allein in einer Wüste, ohne Nahrung und Wasser, ohne Schutz vor der brennenden Sonne und den unberechenbaren Sandstürmen. Wie lange könntest du überleben? Für Narada der Weise war diese Situation nicht eine körperliche Herausforderung, sondern eine spirituelle Reise. Auf seiner Reise durch die Wüste traf er auf eine unerwartete Begegnung, die sein Leben für immer veränderte.

Diese Erzählung von Narada und Gott in der Wüste ist nicht bloß eine alte Legende, sondern eine Geschichte, die auch heute noch Relevanz hat. Die Allegorie von Narada und Gott in der Wüste mit dem Wasserglas tritt in verschiedenen Versionen in der mündlichen Überlieferung und schriftlich in diversen spirituellen Traditionen auf. Es gibt keine eindeutige Quelle für die Geschichte, da sie möglicherweise in verschiedenen Formen und Versionen in unterschiedlichen Kulturen und Überlieferungen existiert. Einige Quellen weisen auf hinduistische oder buddhistische Ursprünge der Geschichte hin, während andere sie eher im Kontext christlicher oder mystischer Traditionen sehen. Die genaue Herkunft und Quelle der Geschichte bleiben somit unklar und umstritten. Trotzdem scheint der Inhalt der Geschichte zeitlos zu sein.

Unsere moderne Welt ist oft von Unsicherheiten und Verwirrung geprägt. Unser Glaube an Gott gerät oft ins Schwanken und das Wesentliche geht verloren. Menschen stehen vor verschiedenen Herausforderungen und Unsicherheiten. Zum Beispiel fürchten sich viele Menschen vor einer unsicheren Zukunft, sei es durch politische Situationen, Kriege, Krankheiten oder andere Bedrohungen. Auch die sozialen Medien und das schnelle Tempo des modernen Lebens können zu Stress und Überforderung führen. Darüber hinaus gibt es zahlreiche moralische und ethische Herausforderungen, mit denen Menschen konfrontiert sind, wie etwa Diskriminierung oder Ungerechtigkeit. Hierzu gehört auch der Wohlstand, der eine der vielen Herausforderungen darstellt, über die nur wenige sprechen. Der Wohlstand kann trügerisch sein, da es uns in diesem Zustand gut geht und wir daher leicht vergessen können, um was es wirklich geht, nämlich um Gott.

All diese Unsicherheiten und Herausforderungen können dazu führen, dass Menschen den Glauben an sich selbst, an andere und an Gott verlieren und in ihrer spirituellen Praxis unsicher werden. Auf diese Weise finden wir uns rasant in den rauen Gewässern des Lebens wieder, können uns in tiefste Verzweiflung stürzen und uns in einsame Dunkelheit versetzen, ohne dass wir wissen, wie wir dorthin gelangt sind.

Die Stürme dieser Welt sind oft unberechenbar und können unser Leben in einem Augenblick auf den Kopf stellen. Eine solche Tragödie finden wir in einer biblischen Geschichte, in der ein Mann namens Hiob, ein Leben in Wohlstand und Segen führte. Er hatte eine glückliche Familie, viele Tiere und genoss Ansehen und Respekt in seiner Gemeinde. Doch dann wurde er von einem Schicksalsschlag nach dem anderen getroffen: Seine Kinder starben, sein Hab und Gut wurde vernichtet und sogar seine Gesundheit wurde ihm genommen. Hiob war am Boden zerstört und sein Glaube an Gott wurde auf die Probe gestellt. Doch selbst in diesen dunklen Zeiten, blieb Hiob standhaft und weigerte sich, Gott aufzugeben. Seine Freunde meinten, dass er diese Prüfungen verdiene, doch Hiob wusste, dass er ein rechtschaffender Mann war und dass es keinen Grund gab, so hart bestraft zu werden. Er kämpfte gegen die Zweifel an und suchte nach Antworten auf seine Fragen.

Die Geschichte von Hiob ist eine Geschichte voller Schmerz und Tragödie, aber auch voll Glaube, Geduld und Hoffnung. Es ist eine Geschichte, die uns zeigt, dass das Leben unvorhersehbar ist und voller Herausforderungen steckt, jedoch sollen wir stets an unserem Glauben festhalten, auch wenn alles um uns herum scheinbar zusammenbricht.

Ähnlich wie Hiob finden sich auch die Jünger Jesu in einer scheinbar ausweglosen Situation auf der stürmischen See wieder. Die raue See schäumt und brodelt, während das Boot der Jünger auf ihr dahintreibt. Der Wind heult und pfeift, und die Wellen schlagen gegen das Deck. Inmitten dieser wütenden Naturgewalten erscheint plötzlich eine Gestalt auf dem Wasser - es ist Jesus. Seine Jünger sind bestürzt und denken, sie sähen ein Gespenst. Doch Jesus beruhigt sie und sagt: "*Seid guten Mutes! Ich bin es. Fürchtet euch nicht!*" *(Matthäus 14, 27).*

Petrus, der mutigste der Jünger, bittet Jesus, ihm zu erlauben, auf dem Wasser zu ihm zu kommen. Jesus sagt: "*Komm!*" und Petrus steigt aus dem Boot und geht auf dem Wasser zu Jesus. Doch als er den starken Wind bemerkt, fängt er an zu zweifeln und zu sinken. In seiner Verzweiflung ruft er Jesus um Hilfe an. Jesus streckt seine Hand aus und rettet ihn. Die Geschichte von Petrus und Jesus auf dem Wasser ist eine Erzählung des Glaubens, der Zweifel und der Rettung. Sie erinnert uns daran, dass Jesus immer bei uns ist und uns unterstützt, auch in den schwierigsten Momenten.

Diese Abhandlung richtet sich an Christen, die in ihrer Glaubenspraxis unsicher sind, von ihrem Weg abgekommen sind, Zweifel oder Schwierigkeiten haben, Gottes Wesen zu begreifen. Erinnern wir uns daran, dass Gott uns dazu berufen hat, frei zu sein und lassen Sie uns gemeinsam in die Welt von Narada, Petrus und Hiob eintauchen und sehen, was wir aus ihren Geschichten lernen können.

2. NUR EIN GLAS WASSER

Im außerbiblischen Text wird die faszinierende Geschichte eines Mannes namens Narada erzählt, der gemeinsam mit Gott durch eine Wüste wandert. Während sie gemeinsam durch die sengende Hitze und unberechenbaren Sandstürme ziehen, offenbart sich eine wunderbare Begegnung zwischen Mensch und Schöpfer. Narada, begleitet vom allmächtigen Gott, begibt sich auf eine spirituelle Reise, die sein Leben für immer verändern wird. Die Geschichte zeigt auf einzigartige Weise, wie sich Glaube und Hoffnung selbst in den schwierigsten Situationen manifestieren können und wie Gott uns in den Momenten unserer größten Not beisteht. Der erste Teil der inspirierenden Geschichte lautet wie folgt:

> *„Gott und der weise Narada durchqueren eine Wüste, und da stellte Narada Gott eine Frage, die ihn seit Langem beschäftigt: Was ist das*

Trügerische in der Welt? Doch Gott antwortet nicht und so schreiten sie schweigend voran bis Gott zu Narada sagt: Mein Sohn, die Sonne scheint heute recht heiß, und Ich bin durstig. Vor dir befindet sich ein Dorf. Geh hin und bring Mir ein Glas Wasser."

„Narada folgt der Anweisung und macht sich auf den Weg. Er kommt in das Dorf und klopft an die Tür des ersten Hauses. Eine wunderschöne Frau öffnet die Tür. In dem Augenblick, als Narada in ihre Augen blickt, vergisst er Gottes Anordnung und verliert den Grund für seinen Besuch und die Worte Gottes verschwinden aus seinem Bewusstsein. Die junge Frau lädt ihn ein, bei ihrer gastfreundlichen Familie zu bleiben und Narada nimmt dankend an. Er wird eingeladen mit der Familie zu speisen, und die Nacht in ihrem Haus zu verbringen. Er genießt die Gastfreundschaft der Familie und bewundert die Schönheit der jungen Frau. Er fühlt sich wie erwartet und geliebt und

verbringt glückliche Tage in ihrer Gesellschaft. Doch aus Tagen werden Wochen, aus Wochen Monate und aus Monaten Jahre."

„Narada, der einst nur einen Schluck Wasser holen sollte, hat sich in das Leben der Familie eingefügt und übernimmt sogar Haushaltspflichten. Nach einiger Zeit bittet er um die Hand der jungen Frau. Alle sind höchst erfreut. Narada und seine junge Frau bleiben im Haus der Familie, wo er schon bald Vater von zwei Söhnen und einer Tochter wird. Die Zeit vergeht, seine Schwiegereltern sterben und Narada wird zum Hausherrn. Er eröffnet einen Laden im Dorf und wird zu einem angesehenen Bürger, dessen Meinung in der Gemeinde hoch geschätzt wird. Er geht in den Freuden und Sorgen des Dorfes auf und viele Jahre der Zufriedenheit vergehen wie im Flug."

Es handelt sich um eine Geschichte von großer Tiefe und Bedeutung. Narada, begleitet von Gott, begibt sich auf eine Mission. Auf seinem Weg findet er sich in einem schönen Leben wieder. Narada ist ein Mann von gutem Herzen und schreitet durch die Welt, indem er auf seine Familie achtet und Geschäfte führt. Er ist ein hingebungsvoller Ehemann und ein erfolgreicher Geschäftsmann, und es scheint, als ob alles reibungslos verläuft. Doch hat Narada nicht etwas Wesentliches in seinem Leben vergessen?

Das Wasserglas!

Die Geschichte von Narada und Gott in der Wüste lehrt uns eine wichtige Lektion darüber, wie leicht es ist, den Fokus auf das Wesentliche zu verlieren, wenn wir in den Alltag eingebunden sind- besonders dann, wenn alles gut läuft. Familie, Beruf und all die weltlichen Angelegenheiten können uns ohne großen Widerstand in Beschlag nehmen und uns leicht von unserem Ziel abbringen. Selbst Narada, der mit Gott wanderte, wurde durch die Verantwortung für seine Familie und sein Geschäft abgelenkt und vergaß den eigentlichen Grund seines Auftrags - warum er in das Dorf gegangen war: nämlich um Gott ein Glas Wasser zu bringen. In ähnlicher Weise kann es auch in unserem Leben passieren, dass wir uns in den Dingen der Welt verstricken und den ursprünglichen Grund, warum wir hier sind, aus den Augen verlieren.

Es ist daher von entscheidender Bedeutung, dass wir uns immer wieder auf das Wesentliche besinnen und uns bewusst machen, dass die Dinge der Welt einerseits ein Geschenk von Gott sind, aber andererseits auch dazu führen können, dass wir von Gott abgelenkt werden. Wie es in der Bibel heißt:

> "*Denn was nützt es dem Menschen, wenn er die ganze Welt gewinnt, dabei aber sein Leben einbüßt?*" *(Markus 8,36)* und "*Liebt nicht die Welt, noch was in der Welt ist! Wenn jemand die Welt liebt, so ist die Liebe des Vaters nicht in ihm*" *(1. Johannes 2,15).* "*Denn alles, was in der Welt*

ist, des Fleisches Lust und der Augen Lust und hochmütiges Leben, ist nicht vom Vater, sondern von der Welt" (Johannes 2,16).

Diese Verse veranschaulichen, dass alles, was wir auf dieser Welt besitzen, vergänglich ist und nicht von Gott stammt. Die Begierde nach Reichtum und die Liebe zum Geld können uns von Gott abirren lassen und uns dazu verleiten, unsere Aufmerksamkeit auf die falschen Dinge zu lenken. Im Matthäusevangelium wird jedoch deutlich, dass geistlicher Reichtum, die Beziehung zu Gott und das Streben nach einem Leben in Seiner Nähe, von weitaus größerer Bedeutung sind als weltlicher Reichtum. Denn der geistige Schatz ist unvergänglich und von ewiger Bedeutung. Hierzu heißt es:

„Sammelt euch nicht Schätze auf der Erde, wo Motte und Fraß zerstören und wo Diebe durchgraben und stehlen; sammelt euch aber

Schätze im Himmel, wo weder Motte noch Fraß zerstören und wo Diebe nicht durchgraben noch stehlen! Denn wo dein Schatz ist, da wird auch dein Herz sein“ (Matthäus 19-21).

Allerdings können die Sorgen dieser Welt - sei es um unsere Familien, Gesundheit, Finanzen usw. - und der trügerische Reichtum sowie die Begierden nach verschiedensten Dingen unseren Blick von Gott abwenden und uns daran hindern, ihm unsere uneingeschränkte Aufmerksamkeit zu schenken. Die Sorgen und Anliegen, die wir bezüglich unserer Lieben und unseres Wohlbefindens hegen, sowie die Begierden nach Reichtum und materiellen Gütern, können uns rasch in ihren irreführenden Bann ziehen. Dies hat nicht nur zur Folge, dass wir uns von unserem Glauben abwenden, sondern auch, dass das göttliche Wort in uns erstickt wird.

Im Markusevangelium heißt es dazu: "*Und die Sorgen dieser Welt und der trügerische Reichtum und die*

Begierden nach allerlei Dingen dringen ein und ersticken das Wort, sodass es unfruchtbar wird" (Markus 4,19). Es wird unfruchtbar! Diese Passage warnt uns vor der Gefahr, die entstehen kann, wenn wir unsere Beziehung zu Gott vernachlässigen. Die Gefahr, dass alles unfruchtbar wird - dass es öde wird – dass es zu Staub wird. Es fehlt das Wasser.

Die Worte "*unfruchtbar*" und "*öde*" hallen wie ein Echo in unseren Ohren wieder, wenn wir uns vorstellen, wie das Land ohne Nährstoffe und Wasser zu einer leblosen, staubigen Einöde wird. Genauso wie das Land, das ohne Pflege und Bewässerung austrocknet und unfruchtbar wird, kann auch unsere Beziehung zu Gott austrocknen, wenn wir sie vernachlässigen. Wenn wir uns nicht bewusst darum bemühen, unsere Verbindung zu Gott zu pflegen und zu nähren, können wir uns in einem geistlichen Wüstenland wiederfinden. In einem solchen Land mangelt es an Fruchtbarkeit, Freude und Frieden, während es zugleich von

Trockenheit und verdorrtem Gestrüpp der Missgunst, Lüge und Überheblichkeit erfüllt ist. Daher sollten wir stets darauf achten, uns nicht von den Dingen dieser Welt ablenken zu lassen und unsere Beziehung zu Gott nicht zu vernachlässigen. Wir sollten sicherstellen, dass wir nicht in einer überwucherten und unfruchtbaren Einöde enden, in der der göttliche Same nicht gedeihen kann - ganz ähnlich wie es in einem Gleichnis im Lukasevangelium dargestellt wird:

> *„Der Sämann ging hinaus, seinen Samen zu säen; und indem er säte, fiel einiges an den Weg, und es wurde zertreten, und die Vögel des Himmels fraßen es auf. Und anderes fiel auf den Felsen; und als es aufging, verdorrte es, weil es keine Feuchtigkeit hatte. Und anderes fiel mitten unter die Dornen; und indem die Dornen mit aufwuchsen, erstickten sie es. Und anderes fiel in die gute Erde und ging auf und brachte*

hundertfache Frucht. Als er dies sagte, rief er aus: Wer Ohren hat zu hören, der höre!" (Lukas 8,5-8).

Es ist von wesentlicher Bedeutung, dass wir uns auf fruchtbaren Boden setzen, um uns zu entfalten und unseren Glauben zu stärken. Nur auf diese Weise können wir Früchte tragen und unsere Beziehung zu Gott vertiefen. Die Geschichte von Narada, der Gott vergessen hat, nimmt eine schreckliche Wendung, die ihn vor gewaltige Herausforderungen stellt:

> „[Denn] *es war eine Nacht, die in die Annalen der Dorfgeschichte eingehen sollte. Dunkle Wolken türmten sich am Himmel auf und ein gewaltiger Sturm brach über das Dorf herein. Der Fluss, der sich bis dahin friedlich durch die Landschaft geschlängelt hatte, wurde von den plötzlichen Fluten aufgepeitscht und schwoll zu einem reißenden Strom an. Narada, der in dieser verhängnisvollen Nacht mit seiner Familie vereint war, kämpfte sich durch die tobende Natur auf eine*

Anhöhe, um sich vor dem Unheil in Sicherheit zu bringen. Doch der Wind peitschte mit solch einer Wucht, dass selbst gestandene Männer in ihren Grundfesten erschüttert wurden. Einer von Naradas Söhnen wurde von den Fluten weggerissen, als er versuchte, sich gegen die Naturgewalten zu stemmen. In einem unbedachten Moment verlor Narada seinen anderen Sohn, als er nach dem Ertrinkenden zu greifen versuchte. Und als ob dies nicht genug wäre, wurde ihm auch noch seine Tochter aus den Armen gerissen und seine geliebte Frau verschwand im donnernden Dunkel."

„Verzweifelt und hilflos jammerte Narada in die Nacht hinein und ballte seine Faust gegen den Himmel. Doch seine Schreie verhallten ungehört, übertönt von einer gigantischen Welle, die aus den Tiefen der Dunkelheit aufstieg und ihn kopfüber in den Fluss stürzte. Ihm wurde schwarz vor Augen und er verlor das Bewusstsein. Als er langsam

wieder zu sich kam, fand er sich weit flussabwärts auf einer Sandbank wieder, fast nackt und völlig erschöpft. Die Nacht war vorbei und der Sturm hatte sich gelegt. Doch als Narada sich auf die Suche nach seiner Familie begab, fand er nur noch Leere und Verwüstung vor. Trümmer trieben auf dem Fluss an ihm vorüber und der Geruch des Todes lag schwer in der Luft. Alle kostbaren Dinge, die ihm einst so viel bedeutet hatten, waren in den wirbelnden Fluten untergegangen und er fand sich allein, von Kummer und Einsamkeit durchdrungen, auf der Sandbank wieder. Ihm war nach Weinen zumute."

„Doch dann geschah etwas Unerwartetes. Eine Stimme, die Narada fast zum Erschauern brachte, fragte: Mein Kind, wo ist Mein Glas Wasser? Als er sich umdrehte, stand Gott vor ihm. Der Fluss verschwand, und Narada war plötzlich allein mit dem Herrn in der leeren Wüste. Gott fragte erneut: Wo ist Mein Glas Wasser? Ich warte jetzt schon

seit einiger Zeit. In einem Akt der Verzweiflung warf er sich demütig zu Füßen Gottes und flehte um Vergebung. Er ruft immer wieder: Ich habe es vergessen! Ich habe vergessen, worum Du mich gebeten hast, großer Herr! Vergib mir! Doch der Herr gab ihm eine Lehre mit auf den Weg: Verstehst du nun das Trügerische der Welt?"

Es benötigte einen schrecklichen Sturm und den Verlust seiner Familie, um Narada klarzumachen, dass er das Wesentliche vergessen hatte - nämlich das Glas Wasser, das er für Gott hätte bringen sollen. Doch auch wir können uns in unserem Alltag verlieren und das Wesentliche aus den Augen verlieren. Dennoch können auch wir uns im Alltag verirren und das Wichtige aus den Augen verlieren. Wie Narada vergessen auch wir mitunter, dass unsere Berufung darin besteht, Gottes Liebe und Wahrheit zu verkünden, indem wir unsere Mitmenschen lieben und unterstützen.

Es ist von entscheidender Bedeutung, sich nicht in den eigenen Bedürfnissen zu verlieren, sondern den Fokus auf das Wesentliche zu legen. Denn allzu oft neigen wir dazu, uns in der Suche nach Wissen und Wahrheit zu verlieren und übersehen dabei, dass die wichtigste Verbindung in unserem Leben unsere Beziehung zu Gott ist, die wir mit unseren Mitmenschen teilen.

Jesus sagte zu den Aposteln: *„Es ist nicht eure Sache, Zeiten oder Zeitpunkte zu wissen, die der Vater in seiner eigenen Vollmacht festgesetzt hat" (Apostelgeschichte 1,6)*. Wir sollten uns nicht damit aufhalten, was in der Zukunft geschehen wird oder was Gott als Nächstes vorhat. Vielmehr sollten wir uns darauf konzentrieren, was heute wesentlich ist und was wir für das Gute tun können - was wir für Gott tun können.

Lasst uns also wie der Sämann in der Bibel sein und uns auf den guten Boden konzentrieren, um Früchte zu tragen und unsere Mitmenschen zu lieben und zu unterstützen. Gott erwartet nicht viel von uns - nur ein Glas Wasser. Er ruft uns dazu auf, Ihm treu zu bleiben, sowie unsere Mitmenschen zu lieben und ihnen in Zeiten der Not beizustehen. In Matthäus 11,28-30 sagt Jesus:

> "*Kommt her zu mir alle, die ihr mühselig und beladen seid; ich will euch Ruhe geben. Nehmt auf euch mein Joch und lernt von mir; denn ich bin sanftmütig und von Herzen demütig; so werdet ihr Ruhe finden für eure Seelen. Denn mein Joch ist sanft, und meine Last ist leicht.*"

Seine Last ist leicht, wie das Symbol des Wasserglases verdeutlicht. Doch was können wir unter dem Wasserglas verstehen? Narada, der Weise, hat auf seinem Weg durch die Wüste eine bedeutende Lektion gelernt. Trotz all seiner weltlichen Verpflichtungen und Freuden hat er vergessen, was wirklich wesentlich ist - das Glas

Wasser, das Gott von ihm gefordert hatte. Wir alle haben unsere eigenen Anliegen, die uns wichtig erscheinen, aber oft lenken sie uns von dem ab, was Gott tatsächlich von uns verlangt.

Gott fordert uns auf, sein Wort zu halten, Liebe zu üben und vor Ihm demütig zu sein. So sagt es auch das Buch Micha: "*Es ist dir gesagt, Mensch, was gut ist und was der HERR von dir fordert: nämlich Gottes Wort halten und Liebe üben und demütig sein vor deinem Gott*" *(Micha 6,8).*

Allerdings sollte niemand dazu gezwungen werden; jeder soll aus einem freudigen Herzen geben, wie es im Korintherbrief heißt: "*Jeder gebe, wie er sich in seinem Herzen vornimmt, nicht mit Verdruss oder aus Zwang; denn einen fröhlichen Geber hat Gott lieb*" *(Korinther 9,7).*

„Es sei aber euer Ja ein Ja und euer Nein ein Nein“ (Jakobus 5,12). Wenn jemand freiwillig gibt, dann sollte diese Person auch frei geben und nicht im

Nachhinein eine unvereinbarte Gegenleistung verlangen. Sie sollte dies ohne nachträgliche unangemessene Erwartungen tun, wie es oft in den Worten ausgedrückt wird: *„Ich habe so viel getan und nichts dafür bekommen"*. Dies gilt auch für den Zehnten. Der Zehnte ist kein Ticket mit dem man sich den Eintritt in den Himmel erkauft, sondern ein Kanal des freien Gebens. *„[D]er ganze Zehnte des Landes, vom Samen des Landes, von der Frucht der Bäume, gehört dem HERRN; es ist dem HERRN heilig" (3. Mose 27,30).*

Ebenso sollten wir uns nicht rühmen mit den Gaben die wir geben, wie uns Paulus im ersten Korintherbrief mahnt: *„Und wenn ich alle meine Habe den Armen gäbe und meinen Leib dahingäbe, mich zu rühmen, und hätte der Liebe nicht, so wäre mir's nichts nütze" (1. Korinther 13,3).* Unsere Priorität sollte darin bestehen, den Herrn, unseren Gott, von ganzem Herzen, ganzer Seele, ganzem Gemüt und allen unseren Kräften zu lieben, sowie unseren Nächsten wie uns selbst. Denn es gibt kein anderes Gebot, das größer ist als diese beiden:

> "*Das erste ist: Höre Israel, der Herr unser Gott ist ein Herr; Du sollst den Herrn, Deinen Gott, lieben von ganzem Herzen, von ganzer Seele, von ganzem Gemüt (Verstand) und von allen deinen Kräften. Das zweite ist: Du sollst deinen Nächsten lieben wie dich selbst" (Markus 12,29-31).*

Lassen Sie uns innehalten und uns bewusst werden, wie leicht wir im Alltag verloren gehen und unsere Prioritäten aus den Augen verlieren. Wie oft nehmen wir unsere Mitmenschen als selbstverständlich hin und vergessen, dass Gott uns berufen hat, Seine Liebe und Wahrheit durch unsere Taten zu verkünden. Lassen Sie uns bewusst einen Schritt zurücktreten und daran denken, was wirklich zählt. Verbringen wir Zeit mit Gott und konzentrieren wir uns auf das Wesentliche: Gottes Liebe zu zeigen und anderen in Liebe und Demut zu begegnen. Denn

Gott ist barmherzig und möchte, dass wir es auch sind (vgl. Lukas 6,36). Letztendlich sind wir nach seinem Bilde geschaffen (vgl. 1. Mose 1,27).

Gott geht es nicht um äußerliche Dinge, sondern um unser Herz. Lassen Sie uns himmlische Schätze sammeln, indem wir uns auf das Wesentliche fokussieren und uns von Gottes Liebe leiten lassen. Schließen wir dieses Kapitel mit dem folgenden Gebet:

Himmlischer Vater,

wir bitten Dich heute, uns zu helfen, uns auf das Wesentliche zu konzentrieren und Schätze im Himmel zu sammeln. Gib uns die Kraft und Weisheit, um uns von den Dingen dieser Welt zu lösen und uns Dir und Deiner Liebe ganz hinzugeben.

Lass uns nicht vergessen, dass es Dein Wille ist, dass wir Deine Liebe und Wahrheit zum Ausdruck bringen und unseren Mitmenschen in Liebe und Barmherzigkeit begegnen. Hilf uns, jeden Tag aufs Neue, unsere Prioritäten zu setzen und uns auf die Dinge zu fokussieren, die für Dich von Bedeutung sind.

Wir vertrauen darauf, dass Du uns mit allem versorgst, was wir benötigen, um Deinem Willen zu folgen und sich die Schätze im Himmel häufen.

Amen.

3. DIE STÜRME DER WELT

Narada verliert seine Familie in einem Sturm, und alles, was ihm wichtig war, versinkt in den Fluten des überschwemmten Flusses. Alles wird ihm genommen, all seine kostbaren Besitztümer versinken in den wirbelnden Wassermassen. Er strandet auf einer Sandbank, allein und erschöpft, und fühlt sich von Kummer und Einsamkeit durchdrungen.

Wie viele Menschen erleben Ähnliches? Die Herausforderungen, denen Menschen in ihrem Leben begegnen, lassen sie erschöpft und entkräftet zurück. Als Narada die Stimme Gottes hörte, warf er sich voller Demut vor Ihm auf die Knie und bat Ihn um Vergebung. Doch wie oft beten Menschen in solchen Situationen aus Angst um ihr Leben, Hab und Gut zu Gott, während sie Ihn in ihrem alltäglichen Leben, mehr oder weniger, ignorieren? Wie oft werden gerade solche Situationen genutzt, um an Gott zu zweifeln?

Die Stürme dieser Welt sind oft unvorhersehbar und können unser Leben in einem Augenblick auf den Kopf stellen. Wie die Geschichte von Narada zeigt, können wir alles verlieren, was uns lieb und teuer ist. Wir können in Momenten der Verzweiflung und der Einsamkeit landen, ohne zu wissen, wie wir dort hingekommen sind. Ständig von Kriegen, Krankheiten, finanziellen Krisen und zahllosen anderen Problemen umgeben, geraten viele auf ihrem Weg ins Straucheln. Doch in den Momenten der Angst und des Zweifels sollten wir uns daran erinnern, dass Gott mit uns ist – für immer und ewig.

Wir dürfen uns an das biblische Zitat erinnern: *"Siehe, eine Jungfrau wird schwanger sein und einen Sohn gebären, und sie werden Ihm den Namen Immanuel geben, was übersetzt bedeutet: Gott mit uns" (Matthäus 1,23).*

Dieser Vers vergegenwärtigt uns, dass Gott uns niemals verlässt und immer bei uns ist, selbst in den schwierigsten Momenten. Eine Geschichte, die dies verdeutlicht, ist die von Petrus und Jesus auf dem Wasser. In dieser Erzählung droht Petrus aufgrund von Angst und Zweifel unterzugehen. Doch Jesus streckt seine Hand aus und rettet Petrus, denn Er ist stets an unserer Seite, um uns zu stützen und zu unterstützen.

Betrachten wir diese Passage in der Bibel und lassen uns von der Präsenz Gottes in unserem Leben trösten und stärken:

> *„Das Boot aber war schon mitten auf dem See und litt Not von den Wellen, denn der Wind war (ihnen) entgegen. Aber in der vierten Nachtwache kam er zu ihnen, indem er auf dem See einherging. Und als die Jünger Ihn auf dem See einhergehen sahen, wurden sie bestürzt und sprachen: Es ist ein Gespenst! Und sie schrien vor Furcht. Sogleich aber redete Jesus zu ihnen und*

sprach: Seid guten Mutes! Ich bin es. Fürchtet euch nicht!"

„Petrus aber antwortete Ihm und sprach: Herr, wenn Du es bist, so befiehl mir, auf dem Wasser zu Dir zu kommen! Er aber sprach: Komm! Und Petrus stieg aus dem Boot und ging auf dem Wasser und kam auf Jesus zu. Als er aber den starken Wind sah, fürchtete er sich; und als er anfing zu sinken, schrie er und sprach: Herr, rette mich! Sogleich aber streckte Jesus die Hand aus, ergriff ihn und spricht zu ihm: Kleingläubiger, warum zweifeltest du? Und als sie in das Boot gestiegen waren, legte sich der Wind. Die aber in dem Boot waren, warfen sich vor Ihm nieder und sprachen: Wahrhaftig, Du bist Gottes Sohn!" (Matthäus 14, 24-33).

Die Jünger befanden sich auf einem Boot, das von den Wellen inmitten des Sees geschüttelt wurde, als Jesus auf dem Wasser zu ihnen kam. Anfangs waren die Jünger ängstlich und dachten, es sei ein

Gespenst. Doch Jesus beruhigte sie und sagte: "*Seid guten Mutes! Ich bin es. Fürchtet euch nicht!" (Matthäus 14, 27)*. Petrus fängt an zu zweifeln, als er auf dem Wasser zu Jesus geht. Es heißt:

> *"Als er aber den starken Wind sah, fürchtete er sich; und als er anfing zu sinken, schrie er und sprach: Herr, rette mich! Sogleich aber streckte Jesus die Hand aus, ergriff ihn und spricht zu ihm: Kleingläubiger, warum zweifeltest du?" (Matthäus 14,30).*

Petrus, der mutige Jünger Jesu, zeigt in dieser Geschichte, dass auch er Zweifel und Furcht empfinden kann. Obwohl er Jesus auf dem Wasser sieht und von Ihm aufgefordert wird, auf dem Wasser zu gehen, beginnt er zu zweifeln, als er den starken Wind bemerkt. Diese Zweifel führen dazu, dass er zu sinken beginnt und um Hilfe ruft. Viele von uns können sich, an einen gewissen Punkt im Leben, in diesem Petrus wiederfinden. Jede/r kann mal einen Moment haben, in denen er oder sie die

Augen von Jesus abwendet und sich auf die Umstände und Ängste fixiert. Wenn wir uns auf unsere Zweifel fokussieren, können wir leicht den Glauben an Christus und seine Fähigkeit, uns zu helfen, verlieren. Wenn jemand in solchen holprigen Momenten *„zweifelt und hin und her schwankt wie eine Welle des Meeres, soll nicht meinen, dass er etwas von dem Herrn empfangen wird" (Jakobus 1,16).*

Aber wie Jesus Petrus gerettet hat, kann er auch uns helfen, wenn wir in Zweifel geraten. Wir müssen in unseren Gedanken festhalten, dass Jesus uns niemals im Stich lassen wird, auch wenn wir schwach und zweifelnd sind. Wenn wir uns in Zeiten von Zweifel und Unsicherheit an Christus wenden, können wir sicher sein, dass Er bei uns ist und uns stärkt. Wir müssen nur in uns Raum schaffen für Christus und unseren Blick von Ängsten abwenden. Christus wird uns immer helfen, wenn wir Ihn bitten. Genau mit diesem demütigen Bitten tun sich stolze Menschen schwer. Lasst den Stolz schwinden und führt euch die Worte Petrus vor Augen, als er auf dem Wasser ging und sagte: "*Herr, rette mich!*" *(Matthäus 14, 30).*

Der Zweifel ist eine menschliche Eigenschaft, die in unseren Leben nicht wegzudenken ist. Viele Menschen zweifeln an allerlei Dingen: ihrer Arbeit, ihrem Glauben, ihren Beziehungen und sogar an sich selbst. Wie Petrus, der im Moment des Zweifels auf dem Wasser zu sinken begann, so können auch wir uns in unseren Zweifeln verlieren und uns von unseren Ängsten überwältigen lassen. Es ist wichtig zu erkennen, dass Zweifel menschlich sind. Manchmal zweifeln wir zurecht, wenn es sich z. B. um Trickbetrüger handelt. Zweifel sind ein Teil unseres Wachstums und unserer Entwicklung und können uns dazu antreiben, nach Antworten zu suchen und uns weiterzuentwickeln.

Doch viele Gefahren verbergen sich im Zweifel, wenn er uns davon abhält, unser Leben in Fülle zu leben. Wenn wir in unseren Zweifeln versinken, können wir von unserem Weg abirren und uns in eine tiefe Krise stürzen - in eine Verzweiflung. "*In der Welt habt ihr Angst; aber seid getrost, Ich habe die Welt überwunden" (Johannes 16,33)*. Deshalb ist es wichtig, den Zweifel anzuerkennen, aber auch zu lernen, ihn zu überwinden und sich auf das Wesentliche zu konzentrieren.

Lasst uns Fragen stellen und mit Hoffnung, nicht mit Zweifel, nach Antworten suchen um Gott besser kennen zu lernen. Wir können uns an Petrus erinnern, der in seinem Moment des Zweifels seine Augen von Christus abwandte und auf die Wellen schaute, die ihn zu verschlingen drohten. Doch als er wieder auf Christus schaute und sich an Ihm festhielt, wurde er gerettet.

> *"Denn ich bin gewiss, dass weder Tod noch Leben, weder Engel noch Mächte noch Gewalten, weder Gegenwärtiges noch Zukünftiges, weder Hohes noch Tiefes noch eine andere Kreatur uns scheiden kann von der Liebe Gottes, die in Christus Jesus ist, unserem Herrn" (Römer 8,38-39).*

Wir können uns ebenfalls gegenseitig an das Wesentliche erinnern und uns gegenseitig im Glauben stützen, um uns in Zeiten des Zweifels zu stärken und uns wieder auf unseren Weg zurückzubringen. Wir fallen, weil wir uns dazu entscheiden gegen Gottes Willen zu handeln und uns auf diese Weise an Sicherheiten und allerlei Begehrenswertes wie Ansehen, Gesundheit und Materielles klammern. All dies fesselt uns und macht uns unfrei.

In der heutigen Welt, die von so vielen Unsicherheiten und Veränderungen geprägt ist, scheint der Zweifel überwältigend. Doch wir sollten auch daran denken, dass Jesus uns ermutigt, uns keine Sorgen zu machen, sondern unser Vertrauen auf Ihn setzen (Matthäus 6, 25-34). So können wir uns den Herausforderungen stellen und sie erfolgreich bewältigen. Der Zweifel kann uns herausfordern, aber er kann uns auch dazu antreiben, unser Bestes zu geben, damit wir wachsen, uns entwickeln, über das Boot hinaussteigen und frei werden, da wir dadurch in der Lage sind zu erkennen, dass Gottes Wille gut ist.

Die Geschichte von Petrus auf dem Wasser zeigt uns, dass selbst in den turbulentesten Stürmen das Vertrauen auf Gott uns befreien kann. Petrus hatte Zweifel, als er auf dem Wasser ging, aber als er auf Christus schaute und Ihm vertraute, konnte er den Sturm überwinden und auf dem Wasser gehen.

In Matthäus 8,23-27 lesen wir auch von einem Sturm auf dem See Genezareth. Die Jünger waren in Panik, als ein Sturm aufkam und das Boot zum Kentern zu bringen drohte. Aber Jesus befahl dem Sturm zu schweigen, und plötzlich wurde das Meer still. Jesus Christus ist der Meister des Sturms, und er kann auch unsere Stürme im Leben zum Schweigen bringen.

> "*Denn unser Kampf ist nicht gegen Fleisch und Blut, sondern gegen die Gewalten, gegen die*

Mächte, gegen die Weltbeherrscher dieser Finsternis, gegen die geistigen Mächte der Bosheit in der Himmelswelt" (Epheser 6,12).

Auch in Psalm 107,29 heißt es: "*Er gebot dem Sturmwind, dass er schwieg, und es ward still, und Er machte die Wellen still*". Wenn wir uns inmitten eines Sturms des Lebens befinden, wenn wir in unseren Gedanken auf und ab rennen, wenn unsere Gefühle in Wallungen geraten und uns Seelenschmerz bereiten, sollten wir uns an die Macht Gottes erinnern und Ihm unser Vertrauen schenken. Denn wie im Hebräerbrief steht:

> "*Weil nun die Kinder von Fleisch und Blut sind, hatte er gleichermaßen daran Anteil, auf dass er durch den Tod die Macht nähme dem, der Gewalt über den Tod hatte, nämlich dem Teufel, und um alle die zu befreien, die durch Todesfurcht das ganze Leben hindurch der Knechtschaft unterworfen waren*" (Hebräer 2,14-15).

In der Tat können die Stürme der Welt uns manchmal wie Narada aus dem obigen Beispiel fühlen lassen. Plötzlich werden wir von den Wellen des Lebens erfasst und mitgerissen, während wir verzweifelt versuchen, uns und unsere Lieben zu retten. Wir verlieren unsere Schätze und sehen uns plötzlich mit Kummer und Einsamkeit konfrontiert. Doch auch inmitten der Stürme gibt es einen, der uns retten kann - Christus. Er ist wie der rettende Felsen, auf den wir uns inmitten des Sturms stützen können, denn Er ergriff Petrus auf dem Wasser und rettete ihn (vgl. Matthäus 14, 25-33).

Die Erzählung von Narada und Gott in der Wüste weckt Assoziationen zu einer biblischen Geschichte, die uns ähnliche Lehren vermittelt: die Geschichte von Hiob. Hiob ist ein Mann, der in Wohlstand und Segen lebt und von allen in seiner Gemeinde respektiert und geachtet wird. Er hat eine glückliche Familie, viele Tiere und ist ein Mann voller Tugenden (vgl. Hiob 1,1-3). Wie Narada musste auch Hiob eine schmerzhafte Reise durch Leid und Verlust machen, die ihn dazu zwang, sich mit seinen Zweifeln und Ängsten auseinanderzusetzen.

Hiob verlor alles, was ihm lieb und teuer war, seine Kinder, sein Vermögen und seine Gesundheit. Doch im Gegensatz zu Narada, der sich in den Dingen des Alltags verstrickte, blieb Hiob treu und vertraute Gott, auch wenn er sein Leid nicht verstehen konnte. In Hiobs Worten:

> "*Ich bin nackt von meiner Mutter Leibe gekommen, nackt werde ich wieder dahinfahren. Der Herr hat gegeben, der Herr hat genommen, gelobt sei der Name des Herrn" (Hiob 1,21).*

Auch wenn Hiob von Gott auf die Probe gestellt wurde, blieb er standhaft und erkannte, dass Gott größer ist als sein Leid.

Im Buch Hiob finden sich zahlreiche Passagen, die tiefe Emotionen und tiefgründige Gedanken des Protagonisten widerspiegeln. Im Zitat:

"Warum gibt Er den Mühseligen Licht und Leben denen, die in Bitterkeit der Seele sind, die sich sehnen nach dem Tod, den Er nicht kommen lässt, und die nach ihm graben, mehr als nach verborgenen Schätzen?" (Hiob 3, 20-22),

drückt Hiob seine Verzweiflung aus, warum Gott denen, die leiden und sich nach dem Tod sehnen, das Licht des Lebens gibt. Hiob sehnt sich nach dem Tod, um dem Leid und Schmerz ein Ende zu setzen. Er zeigt dies in den Worten:

"O dass Gott mir gäbe, was ich wünsche, und dass Er erfüllte, was ich hoffe! O dass Gott doch bereit wäre, mich zu zermalmen, Seine Hand loslassen und ein Ende mit mir machen!" (Hiob 6, 8-9).

Später in der Geschichte spricht Hiob die Worte:

"Meine Tage sind schneller gewesen als ein Läufer; sie sind dahingeflohen und haben nichts Gutes erlebt. Sie sind dahingefahren wie Schiffe aus Schilf, wie ein Adler herabstößt auf die Beute.

Wenn ich denke: Ich will meine Klage vergessen und mein Angesicht ändern und heiter bleiben, so fürchte ich doch wieder alle meine Schmerzen, weil ich weiß, dass du mich nicht unschuldig sprechen wirst" (Hiob 9, 25-28).

Mit diesen Worten reflektiert er über die Vergänglichkeit des Lebens und die Unvermeidbarkeit des Todes, und erkennt, dass er seinen Schmerz nicht ignorieren kann, dass sie Teil seines Lebens sind. Doch trotz all des Schmerzes und Leids hält Hiob an seinem Glauben fest und vertraut darauf, dass Gott seine Rettung sein wird, wie es in Hiob 13, 15-16:

> "*Siehe, auch wenn Er mich umbringt, warte ich auf Ihn; fürwahr, ich will meine Wege vor Ihm verantworten. Auch das muss mir zum Heil sein; denn es kommt kein Ruchloser vor Ihn*",

dargelegt wird. Er ist bereit sich selbst aufzugeben und vor Gott zu treten. Hiobs Geschichte erinnert uns daran, dass wir in Zeiten des Leids und des

Zweifels nicht allein sind, sondern dass Gott bei uns ist und uns stärkt. "*Ich weiß, dass mein Erlöser lebt*" *(Hiob 19,25)*, sagte Hiob.

Naradas und Hiobs Geschichte mögen auf dem ersten Blick unterschiedlich erscheinen, aber sie haben eine gemeinsame Botschaft: dass Gott bei uns ist, auch in den schwierigsten Zeiten, und dass wir uns auf Ihn verlassen können, selbst wenn wir alles verloren zu haben scheinen. Lasst uns wie Hiob treu bleiben und uns an die Worte von Psalm 46,2-3 erinnern:

> "*Gott ist unsere Zuflucht und Stärke, eine Hilfe in den großen Nöten, die uns getroffen haben. Darum fürchten wir uns nicht, wenn auch die Erde wankt und die Berge mitten ins Meer sinken*".

Die Geschichten lehren uns, dass wir in den stürmischen Phasen des Lebens, in Phasen des Leids und Schmerz, auf Christus vertrauen können. Wenn wir unsere Augen auf Ihn richten und felsenfest an

Ihn Glauben, können wir sicher sein, dass Er uns durch jede Herausforderung führen wird. Wir erinnern uns, dass Sein Joch leicht ist, doch wir werden herausgefordert unser Dasein Ihm zu schenken, denn

> *„wer nicht sein [eigenes] Kreuz auf sich nimmt und Mir nachfolgt, der ist Meiner nicht wert. Wer sein Leben findet, der wird es verlieren, und wer sein Leben verliert um Meinetwillen, der wird es finden“ (Matthäus 10,38-39).*

So wie einer von uns Jesus half Sein Kreuz zu tragen (vgl. Lukas 27,32), so hilft Er uns noch weitaus mehr und zeigt uns auch, wie wir uns gegenseitig stützen können.

Ein weiteres biblisches Beispiel ist die Geschichte von Josef im Buch Genesis. Er wurde von seinen eigenen Brüdern verraten und verkauft, als Sklave nach Ägypten gebracht und fälschlicherweise ins Gefängnis geworfen. Doch durch seinen Glauben an

Gott und seine Treue zu Ihm wurde er schließlich zum mächtigen Verwalter in Ägypten und rettete sein Volk vor einer großen Hungersnot (1. Mose 37-50).

Die Geschichte von Josef zeigt uns, dass wir uns selbst in den tiefsten Tälern unseres Lebens, auf Gott verlassen können und dass Er uns durch Seine Gnade und Seine Macht aus jeder Situation herausführen kann. Wie Josef, der von seinen Brüdern verraten und als Sklave verkauft wurde und im späteren Verlauf im Gefängnis landete, können auch wir uns in scheinbar ausweglosen Situationen wiederfinden. Doch wie es in 1. Mose 39,2-4 heißt:

> "*Und der Herr war mit Josef, sodass er ein glückliches Leben führte und in dem Haus seines ägyptischen Herrn blieb. Und sein Herr sah, dass der Herr mit ihm war und alles, was er tat, ihm gelang. So fand Josef Gnade in seinen Augen und er war sein Bediensteter. Er setzte ihn über sein*

Haus und gab ihm die Verantwortung für alles, was er hatte."

Durch seinen Glauben an Gott und seine Treue zu Ihm wurde Josef schließlich zum mächtigen Verwalter in Ägypten und rettete sein Volk vor einer großen Hungersnot, wie es in der Genesis beschrieben wird:

> "*Und als in ganz Ägypten die Hungersnot herrschte, schrien auch die Israeliten um Hilfe zum Pharao. Da befahl der Pharao Josef zu holen und sie brachten ihn aus dem Gefängnis. Josef rasierte sich, zog andere Kleider an und ging zum Pharao. Der Pharao sagte zu Josef: Ich habe gehört, dass du Träume deuten kannst" (1.Mose 41,55-57).*

Der Pharao erkannte seine Weisheit und stellte ihn als Verwalter ein. In 1. Mose 41,39-41 sagt der Pharao zu Josef: "*Du sollst über mein Haus stehen, und deinem Mund soll alles Volk gehorchen; nur um den Thron will ich größer sein als du*".

Als Christen haben wir auch die Verantwortung, uns tatkräftig den Stürmen des Lebens entgegenzustellen. Im Matthäus Evangelium verdeutlicht Jesus dies und fordert uns auf, Ihm nahe zu kommen:

> *"Denn Ich war hungrig und ihr habt Mir zu essen gegeben; Ich war durstig und ihr habt Mir zu trinken gegeben; Ich war fremd und ihr habt Mich aufgenommen; Ich war nackt und ihr habt Mir Kleidung gegeben; Ich war krank und ihr habt Mich besucht; Ich war im Gefängnis und ihr seid zu Mir gekommen" (Matthäus 25, 35-36).*

Er reicht uns die Hand, doch wir müssen mutig sein und aus dem Boot steigen und Ihm entgegengehen. Bedenken wir, dass wir in dieser Welt keine bleibende Stadt haben. Wie im Hebräerbrief erwähnt wird, haben wir hier keine Stadt, sondern suchen eine zukünftige (vgl. Hebräer 13,14). Das bedeutet, dass unsere wahre Heimat nicht in dieser Welt liegt, sondern in der zukünftigen Welt, die Gott für uns vorbereitet hat. "*Denn der Herr ist der Geist; wo aber der Geist des Herrn ist, da ist Freiheit*" *(2. Korinther 3,17).*

So sucht nicht im Irdischen, sondern sucht im Geist. Dort werdet ihr finden die Burg, den Retter, die Zuflucht (vgl. Psalm 18,3) und die Freiheit.

> *„Dieser Jesus, der von euch weg in den Himmel aufgenommen worden ist, wird so kommen, wie ihr Ihn habt hingehen sehen in den Himmel“ (Apostelgeschichte 1,11).*

In Zeiten der Unsicherheit und des Sturms stärke dein Vertrauen auf Gott, denn Er kann uns durch jeden Sturm zur Freiheit führen. Insgesamt zeigt uns die Bibel, dass uns die Stürme der Welt nicht überwältigen müssen. Wenn wir unseren Glauben auf Christus setzen, Ihm im Geiste begegnen und Ihm durch unsere Handlungen Ausdruck verleihen, können wir sicher sein, dass wir durch alle Stürme hindurchgetragen werden. Verinnerlichen wir dies und verweilen wir ein wenig im Gebet:

Lieber Vater im Himmel,

wir kommen vor Dich mit einem gebrochenen Herzen und dem Wunsch, von den Fesseln der Welt befreit zu werden. Hilf uns, uns von den materiellen Dingen zu lösen, die uns ablenken und uns von Deiner Barmherzigkeit fernhalten.

Lehre uns, Deine Liebe zu lieben und zu teilen, so dass wir anderen in Liebe und Demut begegnen können. Vergib uns unsere Verfehlungen und führe uns auf den rechten Weg.

Wir vertrauen darauf, dass Du uns mit allem versorgen wirst, was wir brauchen, wenn wir uns vollständig auf Dich verlassen. Gib uns die Kraft und den Mut dir entgegenzugehen. Lass Deinen Willen in unserem Leben geschehen und führe uns auf den Weg der Wahrheit und der Barmherzigkeit.

Amen.

4. EINE BERG- UND TALFAHRT ZWISCHEN ZWEIFEL UND VERHERRLICHUNG

Petrus und Jesus auf dem Wasser ist eine Geschichte aus der Bibel, die den Zweifel hervorhebt. Wie wir im vorherigen Kapitel verfolgt haben, befinden sich die Jünger Jesu in dieser Geschichte auf einem See. Als sie mitten auf dem See sind, bricht ein starker Sturm los und das Boot beginnt zu schwanken. Daraufhin geht Jesus über das Wasser auf das Boot zu, auf dem sich die Jünger befinden. Allerdings denken die Jünger, dass er ein Gespenst sei, und erschrecken.

Doch Jesus beruhigte sie und sagte: "*Seid getrost, Ich bin's; fürchtet euch nicht*" *(Matthäus 14,27)*. Petrus erwiderte: "*Herr, wenn Du es bist, so befiehl, dass ich auf dem Wasser zu Dir komme*" *(Matthäus 14,28)*. Jesus ermutigt ihn, aus dem Boot zu steigen und über das Wasser zu gehen. Als er aber den starken Wind und die Wellen bemerkt, wird er ängstlich und beginnt zu sinken. Er ruft nach Jesus um Hilfe, und sogleich streckte Jesus die Hand aus, ergriff ihn und sprach zu ihm:: "*Du Kleingläubiger, warum hast du gezweifelt?*" *(Matthäus 14,31).*

In dieser Geschichte zeigt sich, dass uns Zweifel daran hindern kann, uns auf Gott zu verlassen und uns von Ihm führen zu lassen. Doch wenn wir uns auf Gott verlassen und Ihm vertrauen, können wir Stürme überwinden.

Der Zweifel ist vom Verstand getrieben. Mit dem Verstand wird alles auseinandergenommen und nicht zu oft machen sich Gefühle der Missgunst, Neid, Hass und Abwertung in ihm breit. Diese Emotionen werden oft Politikern, öffentlichen Personen, Menschen, die unbequeme Wahrheiten ansprechen, und sogar unseren Mitmenschen gegenüber gehegt. Das Bewerten an sich ist eine

Funktion des Verstandes, da wir zweifeln. Daher neigen wir allzu oft dazu, voreilig zu urteilen und die Fehler anderer zu zentralen Themen in unseren Gedanken zu machen.

Jesus ruft uns in den Worten, "*Was siehst du aber den Splitter im Auge deines Bruders, und den Balken in deinem Auge bemerkst du nicht?*" *(Matthäus 7,3),* klar dazu auf uns um unsere eigenen Fehler zu bemühen bevor wir die Fehler in anderen suchen. Der Splitter begrenzt die Sicht, der Balken hingegen macht uns Blind. Dennoch drängt das Leben dazu, uns immer wieder zu verleiten, Urteile zu fällen. Diese Urteile sollten nicht auf äußeren Erscheinungen oder Oberflächlichkeiten basieren, sondern weise gewählt sein. "*Urteilt nicht nach dem Augenschein, sondern richtet gerecht*" *(Johannes 7,24).* Ein gerechtes Urteil sollen wir fällen und gleichwohl sollen wir sparsam damit umgehen, denn es heißt:

> "*Richtet nicht, auf dass ihr nicht gerichtet werdet. Denn in demselben Maß, wie ihr richtet, werdet*

ihr gerichtet werden; und mit demselben Maß, mit dem ihr messt, wird euch wieder gemessen werden" (Matthäus 7,1-2).

Dieser Vers betont, dass Urteilen und Verurteilen anderer auch Auswirkungen auf uns selbst hat. Unsere Art der Begegnung mit anderen spiegelt sich in ihrer Art der Begegnung mit uns wider. Durch überhastetes Beurteilen und Hochmut lehnen wir oft gut gemeinte Ratschläge ab und geraten dadurch immer wieder in missliche Lagen. Unser Stolz hindert uns daran aus diesen schwierigen Situationen herauszukommen.

Unter diesem Stolz fällt auch die Überzeugung, dass wir besser als andere sind, nur weil wir bereits einen spirituellen Weg eingeschlagen haben. Wer ermahnt wird, der lasse es sich gefallen. *„Brüder und Schwestern, wenn ein Mensch etwa von einer Verfehlung ereilt wird, so helft ihm wieder zurecht mit sanftmütigem Geist, ihr, die ihr geistlich seid. Und sieh auf dich selbst, dass du nicht auch versucht werdest (Galater 6,1).* Paulus betont in diesen Worten, wie wichtig es ist, Rücksicht zu nehmen, Zurechtgewiesen zu werden und Kritik anzunehmen, insbesondere wenn sie in Liebe und Ehrlichkeit gegeben wird. aber das hindert uns nicht daran, dem Hochmut zu verfallen. Daher sollten wir klug sein, denn

> *"Ein kluger Mensch hört auf den Rat und nimmt Ermahnungen an, ein Narr aber verachtet jede Einsicht" (Sprüche 12,15). "Alle Züchtigung scheint uns zwar für die Gegenwart nicht Freude, sondern Schmerz zu sein; nachher aber gibt sie denen, die durch sie geübt sind, die friedvolle Frucht der Gerechtigkeit" (Hebräer 12,11).*

Züchtigung ist nicht immer angenehm, aber langfristig führt sie dazu, dass wir gerechter und friedvoller werden können. Ein jeder Rat sollte nicht auf eine Weise, die frustriert oder zornig macht basieren, sondern auf eine Weise, die auf dem Beispiel und den Lehren Gottes gründet. Dazu werden wir ermahnt in:

> "*Väter, reizt eure Kinder nicht zum Zorn, sondern erzieht sie in der Zucht und Ermahnung des Herrn" (Epheser 6,4),* denn Sein Rat "*besteht ewiglich, die Gedanken seines Herzens von Geschlecht zu Geschlecht" (Psalm 33,11).*

Ein ehrlicher Ratschlag ist gut gemeint, doch sollten wir nicht den Fehler machen, Menschen belehren zu müssen.

> "*Meine Brüder, nicht viele von euch sollen Lehrer werden, denn ihr wisst, dass wir ein strengeres Urteil empfangen werden" (Jakobus 3,1).*

Die Rolle des Lehrers spielt eine große Rolle, die große Verantwortung mit sich bringt. Jeder Mensch, der lehrt, sollte sich bewusst sein, dass sie für das, was sie lehren und wie sie es lehren, zur Rechenschaft gezogen werden.

> "*Ein weiser Lehrer hört auf den Rat" (Sprüche 12,15). "Ohne Rat gehen Pläne fehl; wo viele Ratgeber sind, gelingt's" (Sprüche 15,22).*

Lasst uns Ratschläge annehmen, denn "*Die Ehrfurcht des Herrn ist der Anfang der Erkenntnis; aber die Toren verachten Weisheit und Zucht" (Sprüche 1,7).*

Der kluge Mensch ist es, der sich an der Weisheit erfreut, indem er es versteht, danach zu streben. Ein Narr dagegen, lernt nicht aus seinen Fehlern, findet Ausreden dafür und versucht trotz der Fehler seinen eigenen Weg weiterzugehen (vgl. *Sprüche* 10,23).

> *"Wer auf das Wort achtet, findet Glück; und wohl dem, der auf den Herrn vertraut!" (Sprüche 16,20), "wer aber Spötter hört, der bleibt dumm" (Sprüche 13,1).*

Wie oft sehen wir Menschen, die dem Dogma „*Wissen ist Mach*t" folgen und glauben, sie wären allwissend oder zumindest so überzeugt von ihrem Wissen sind, dass sie sagen können: *„Es gibt keinen Gott"*.

Eine solche Aussage zeigt lediglich die Überheblichkeit solcher Menschen. Diejenigen, die diesen Pfad intellektuellen Überheblichkeit gehen, kommen nicht selten zu dem Schluss, dass sie selbst Gott wären und mit ihren intellektuellen Errungenschaften alles nach ihrem Willen biegen und brechen könnten. Gläubige können dieser Falle ebenfalls erliegen, denn auch im Bibelstudium kann es passieren, dass wir uns für weise halten, indem sie denken, sie seien weise, nur weil sie viele Bibelpassagen kennen, rezitieren und interpretieren können. Im ersten Korintherbrief werden wir mit den folgenden Worten auf einen solchen Denkfehler hingewiesen:

> *„Wenn ich in den Sprachen der Menschen und der Engel rede, aber keine Liebe habe, so bin ich ein tönendes Erz geworden oder eine schallende Zimbel. Und wenn ich prophetisch reden könnte und wüsste alle Geheimnisse und alle Erkenntnis und hätte allen Glauben, sodass ich Berge versetzen könnte, und hätte der Liebe nicht, so wäre ich nichts" (1. Korinther 13,1-2).*

All die Weisheit und das Wissen der Welt haben keinen Wert, wenn wir nicht in Liebe handeln. Lasst uns durch unsere Taten Zeugnisse sein und vermeiden, umherzugehen und Menschen zu überzeugen oder zu belehren, indem wir Diskussionen oder Streitgespräche initiieren. Stattdessen sollten wir mit jenen reden, die ein offenes Ohr für das Wort Gottes haben (vgl. Matthäus 11,15).

Der Verstand kann trügerisch sein. Tiefes Ringen mit Zweifeln vermag oftmals eine Abneigung gegenüber einer Sache zu schüren. Hingegen drückt Verherrlichung das Gegenteil aus. Durch Lobpreis zeigen wir unsere Verehrung, während Zweifel durch Abneigung zum Ausdruck kommen können. Beide Emotionen werden durch die Art und Weise, wie wir sprechen, offenbart. Wie Jakobus bereits sagte:

> *„Denn jede Art von Tieren und Vögeln und Schlangen und Seetieren wird gezähmt und ist*

gezähmt vom Menschen, aber die Zunge kann kein Mensch zähmen, das aufrührerische Übel, voll tödlichen Gifts. Mit ihr loben wir den Herrn und Vater, und mit ihr fluchen wir den Menschen, die nach dem Bilde Gottes gemacht sind. Aus einem Munde kommt Loben und Fluchen. Das soll nicht so sein, meine Brüder und Schwestern" (Jakobus 3,7-10).

Voller Freude suchen wir den Gottesdienst auf, um Gott zu preisen und unsere Seele mit Empfindungen zu durchdringen. Doch sobald wir wieder in den Alltag zurückkehren, neigen wir dazu, unseren zweifelnden Verstand zu verwenden, um andere zu schmähen oder in Selbstzweifel zu verfallen, wenn wir bei der ersten Gelegenheit auf Hindernisse stoßen. Daraufhin gehen wir murrend umher, bis wir erneut von einem gottesfürchtigen Gefühl durchströmt werden. Auf diese Weise finden wir uns oft in einer Achterbahn der Gefühle zwischen dem zweifelnden Verstand und emotionaler

Euphorie wieder. Wenn wir jedoch ständig auf der Suche nach dem berauschenden Gefühl sind, das der Lobpreis bringt, sowie nach dem Gefühl von Sicherheit oder Glück, dann ist dies ein Anzeichen von Zweifel.

Solch ein Verhalten führt uns in eine Abhängigkeit, da wir immer wieder das berauschende Gefühl wiederholen müssen, um uns erfüllt zu fühlen. Dies zeigt uns, dass sobald wir wieder in den Alltag zurückkehren, auf Gott vergessen und an Seiner Existenz zweifeln. Denn wenn wir nicht an Gottes stetige Gegenwart und Liebe für uns zweifeln würden, würden wir nicht in diese Abhängigkeit verfallen, die uns unfrei macht. Die Gefahr dabei ist, dass wir dem Lobpreis und dem Gefühl *„sich gut zu fühlen"* mehr Hingabe schenken als Christus. Unser Fokus liegt dann auf uns selbst - auf unserem Ego - und nicht auf Christus.

Viele Menschen kommen während solcher spirituellen Hochflügen oft zu dem Schluss, dass sie

Gott gleichkommen oder zu einer Art Medium berufen sind. Lasst uns vielmehr aus freiem Willen in den Lobpreis gehen, Gott die Ehre geben und uns nicht selbst verherrlichen, weder im Verstand noch in den Emotionen. Legen wir unser weltliches Sein, von dem wir glauben, dass wir es sind, zur Seite und schaffen Platz für den Christus in uns.

Das Lobpreisen Gottes ist eine Form des Gebets, in der wir Gott für seine Wunder und Werke preisen und Ihm Danksagen. Wie es heißt: "*Lobet den HERRN, alle seine Werke, an allen Orten seiner Herrschaft! Lobe den HERRN, meine Seele!*" *(Psalm 103,22).*

Durch das Lobpreisen und Danken bringen wir unsere Freude und unsere Dankbarkeit gegenüber Gott zum Ausdruck. Auf der anderen Seite ist das Gebet selbst, bei dem wir bitten können, dass Gottes Wille geschehe. Jesus ermutigte Seine Jünger zum Bitten: "*Bittet, so wird euch gegeben; suchet, so werdet ihr finden; klopfet an, so wird euch aufgetan*" *(Matthäus*

7,7). Auch das gemeinsame Gebet wird in der Bibel betont, wo es heißt: "*Denn wo zwei oder drei versammelt sind in Meinem Namen, da bin Ich mitten unter ihnen" (Matthäus 18,20)*. Doch seid vorsichtig, wenn ihr in Gemeinschaft betet.

Nutzt Gebetsrunden nicht um zu schwätzen und euch selbst als gottesfürchtig oder christlich darzustellen, um euer Ego oder euren Stolz zu befriedigen und eure Gefühle Emotionen außer Kontrolle geraten zu lassen. Sprecht stattdessen über das, was euch auf dem Herzen liegt, in Kreisen wo es angebracht ist. Dazu werden wir in der folgenden Passage aufgerufen:

> *„Und wenn ihr betet, sollt ihr nicht viel plappern wie die Heiden; denn sie meinen, sie werden erhört, wenn sie viel Worte machen. Darum sollt ihr ihnen nicht gleichen. Denn euer Vater weiß, was ihr bedürft, bevor ihr Ihn bittet" (Matthäus 6,7-8).*

Im selben Kapitel heißt es auch:

> *„Und wenn ihr betet, sollt ihr nicht sein wie die Heuchler, die gern in den Synagogen und an den Straßenecken stehen und beten, um sich vor den Leuten zu zeigen. Wahrlich, Ich sage euch: Sie haben ihren Lohn schon gehabt. Wenn du aber betest, so geh in dein Kämmerlein und schließ die Tür zu und bete zu deinem Vater, der im Verborgenen ist; und dein Vater, der in das Verborgene sieht, wird dir's vergelten"* (Matthäus 6,5-6).

Dies verdeutlicht, dass ein aufrichtiges und demütiges Gebet, am besten in Stille und nur zwischen dir und Gott, ein Weg ist, um Hochmut zu verhindern. Sowohl beim Gebet als auch beim Lobpreis sollten wir uns auf Gott ausrichten und nicht aus eigennützigen Gründen beten. Andernfalls würden wir gegeneinander beten und in Zwietracht geraten, ähnlich wie zwei Bauern, die für unterschiedliche Wetterbedingungen beten - der eine für Regen, der andere für Sonnenschein - oder zwei Jobsuchende, die um dieselbe Arbeitsstelle pulen. Beten wir daher darum, dass Gottes Wille geschieht, wie es Ihm gefällt.

> *„Darum sollt ihr so beten: Unser Vater im Himmel! Dein Name werde geheiligt. Dein Reich komme. Dein Wille geschehe wie im Himmel so auf Erden. Unser tägliches Brot gib uns heute. Und vergib uns unsere Schuld, wie auch wir vergeben unsern Schuldigern. Und führe uns nicht in Versuchung, sondern befreie uns von dem Bösen" (Matthäus 6,9-13).*

Bevor wir um persönliche Anliegen bitten, heiligen wir Gottes Namen und preisen Ihn für Seine Größe. Wir bringen unser Vertrauen in Seinen Willen und Seine Herrschaft zum Ausdruck. Dann können wir um unsere täglichen Bedürfnisse bitten und um Vergebung für unsere eigenen Verfehlungen, während wir auch bereit sind, anderen zu vergeben. Schließlich bitten wir Gott, uns vor Versuchungen zu bewahren und uns von bösen Einflüssen zu befreien.

Sind wir also auf Jobsuche, dann lasst uns so beten, dass Gott uns dort hinführt, wo wir unser Handwerk in Seinen Namen ausführen können. Auf diese Art und Weise sollen wir hingebungsvoll und demütig beten.

> *„Leidet jemand unter euch? Er bete. Ist jemand guten Mutes? Er singe Psalmen. Ist jemand krank unter euch? Er rufe die Ältesten der Gemeinde zu sich, und sie mögen über ihm beten und ihn mit Öl salben im Namen des Herrn. Und das Gebet des Glaubens wird den Kranken retten, und der Herr wird ihn aufrichten, und wenn er Sünden begangen hat, wird ihm vergeben werden. Bekennt nun einander die Sünden und betet füreinander, damit ihr geheilt werdet! Viel vermag eines Gerechten Gebet in seiner Wirkung" (Jakobus 5,13-16).*

Lasst uns fröhlich sein, ununterbrochen beten und in allem dankbar sein, da dies Gottes Wille in Christus Jesus für uns ist (vgl. 1. Thessalonicher 5,16-18).

Erinnern wir uns daran für alle Menschen, einschließlich Herrschende und Mächtige, zu beten und Fürbitte zu leisten, damit wir ein ruhiges und friedvolles Leben führen können, das Gott ehrt (vgl. 1. Timotheus 2,1), wie es zusammenfassend in der folgenden Passage zum Ausdruck kommt:

> *„In Hoffnung freut euch; in Bedrängnis harrt aus; im Gebet haltet an; an den Bedürfnissen der Heiligen nehmt teil; nach Gastfreundschaft trachtet! Segnet, die euch verfolgen; segnet, und flucht nicht! Freut euch mit den sich Freuenden, weint mit den Weinenden! Seid gleichgesinnt gegeneinander; sinnt nicht auf hohe Dinge, sondern haltet euch zu den Niedrigen; seid nicht klug bei euch selbst! Vergeltet niemand Böses mit Bösem; seid bedacht auf das, was ehrbar ist vor allen Menschen!" (Römer 12,12-17).*

In allem sollten wir uns auf Gott verlassen und uns an Ihm freuen, denn Gott ist immer bei uns und führt uns in Christus triumphierend durch unser Leben, wie es in der Apostelgeschichte heißt:

> *„Denn David spricht von Ihm: »Ich habe den Herrn allezeit vor Augen, denn Er steht mir zur Rechten, dass ich nicht wanke. Darum ist mein Herz fröhlich, und meine Zunge frohlockt; auch mein Leib wird ruhen in Hoffnung. Denn Du wirst meine Seele nicht dem Reich des Todes überlassen und nicht zugeben, dass Dein Heiliger die Verwesung sehe. Du hast mir kundgetan die Wege des Lebens; Du wirst mich erfüllen mit Freude vor deinem Angesicht" (Apostelgeschichte 2,25-28).*

So ermutigt uns die Bibel, sowohl im Gebet als auch im Lobpreis unseren Glauben und unsere Dankbarkeit gegenüber Gott zum Ausdruck zu bringen, und uns auf Ihn zu verlassen, um uns durch alle Herausforderungen des Lebens zu führen.

Zusammenfassend können wir sagen, dass Gebet und Lobpreis zu jeder Zeit angemessen sind. Wir sollten uns regelmäßig Zeit nehmen, um uns mit Christus zu verbinden, Ihn kennen zu lernen, Seinem Wesen nahe zu sein, sowohl im Gebet als auch im Lobpreis, um uns an Gottes Treue zu erinnern.

Das Gebet hilft uns demütig vor Gott zu werden und den Hochmut im Verstand zu besänftigen. Der Lobpreis bringt die wellenden Emotionen zur Ruhe und öffnet unser Herz für Gott. Mit diesen beiden Instrumenten können wir uns von den fesselnden selbstsüchtigen Tendenzen lösen, uns scheinbar selbst verlieren, nur um unser wahres Wesen in Christus wiederzufinden.

> *"[So n]ehmt euch Jesus Christus zum Vorbild: Obwohl Er in jeder Hinsicht Gott gleich war, hielt Er nicht selbstsüchtig daran fest, wie Gott zu sein. Nein, Er verzichtete darauf und wurde einem Sklaven gleich: Er wurde wie jeder andere Mensch geboren und war in allem ein Mensch wie wir. Er erniedrigte sich selbst noch tiefer und war Gott gehorsam bis zum Tod, ja, bis zum schändlichen*

Tod am Kreuz. Darum hat Ihn Gott erhöht und Ihm den Namen gegeben, der über allen Namen steht" (Philipper 2,5-9).

Christus ist der Sohn des unsichtbaren Gottes und der älteste aller Geschöpfe. In Ihm wurden alle Dinge erschaffen, sowohl im Himmel als auch auf der Erde, sichtbare und unsichtbare, seien es Throne, Herrschaften, Mächte oder Autoritäten. Alles wurde durch Ihn und für Ihn erschaffen. Er existiert vor allen anderen und durch Ihn wird alles zusammengehalten. Er ist der Anführer des Körpers, der Kirche und der Beginn aller Dinge, der erste, der von den Toten auferstanden ist, um in allem der Erste zu sein.

Der Vater wollte, dass die ganze Fülle in Ihm wohnt und durch Ihn alles mit sich selbst versöhnt wird, indem Er Frieden schafft durch das Blut, das an Seinem Kreuz vergossen wurde - sowohl auf Erden als auch im Himmel (vgl. Kolosser 1,15-20). Denn Christus kam nicht, um bedient zu werden, sondern um anderen zu dienen und Sein Leben als Erlösung für zahlreiche Menschen zu opfern (vgl. Markus 10,45).

Er fordert uns dazu auf es Ihm gleich zu machen, wie es in den Worten des Johannesevangeliums betont wird: "*Ein neues Gebot gebe Ich euch, dass ihr einander liebt, wie Ich euch geliebt habe, damit auch ihr einander liebt" (Johannes 13,34).*

> *"Zieht nun an als Auserwählte Gottes, als Heilige und Geliebte: herzliches Erbarmen, Freundlichkeit, Demut, Milde, Geduld! Ertragt einander und vergebt euch gegenseitig, wenn einer Klage hat gegen den anderen; wie auch der Herr euch vergeben hat, so auch ihr! Über alles aber zieht an die Liebe, die das Band der Vollkommenheit ist" (Kolosser 3,12-14).*

Dieses Zitat betont den Charakter, den wir als Christen haben sollten, basierend auf den Eigenschaften von Christus, die Freundlichkeit, Demut, Milde und Geduld umfassen. Es fordert uns auch auf, einander zu vergeben, wie Christus uns vergeben hat, und die Liebe über alles zu setzen.

Paulus gab uns die Eigenschaften der Liebe, nach denen wir Ausschau halten sollen, im berühmten Zitat aus dem ersten Korintherbrief, mit.

> *„Liebe ist geduldig und freundlich. Sie ist nicht verbissen, sie prahlt nicht und schaut nicht auf andere herab. Liebe verletzt nicht den Anstand und sucht nicht den eigenen Vorteil, sie lässt sich nicht reizen und ist nicht nachtragend. Sie freut sich nicht am Unrecht, sondern freut sich, wenn die Wahrheit siegt. Liebe nimmt alles auf sich, sie verliert nie den Glauben oder die Hoffnung und hält durch bis zum Ende. Die Liebe wird niemals vergehen" (1. Korinther 13,4-8).*

Echte Liebe liegt auch darin, dass wir einander beistehen und uns stützen. Lasst uns gegenseitig die Lasten des anderen tragen, denn wer glaubt, etwas Besonderes zu sein, obwohl er es nicht ist, täuscht sich selbst (vgl. Galater 6,2-3). Vollkommene Liebe vertreibt jegliche Furcht. Sie lässt keinen Platz für die Angst (vgl. 1. Johannes 4,18). Sie ist aufrichtig, verabscheut das Böse, strebt nach dem Wahrhaftigen und verbindet sich mit dem Guten (vgl. Römer 12,9).

"*Trachtet nach der Liebe! Strebt aber auch nach den geistlichen Gaben" (1. Korinther 14,1).* Hier betont Paulus, dass die Liebe das Wichtigste ist, aber dass es auch wichtig ist, nach geistlichen Gaben zu streben, um anderen zu dienen.

> "*Denn die Weisheit wird in dein Herz kommen, und die Erkenntnis wird deiner Seele lieblich sein; Besonnenheit wird dich bewahren, Verständnis wird dich behüten" (Sprüche 2,10-11).*

Dieses Zitat hebt hervor, dass Weisheit, Erkenntnis und Besonnenheit eng miteinander verbunden sind und dass sie uns vor schlechten Entscheidungen und Fehlern bewahren können.

Lasst uns nach der Weisheit Gottes streben, denn

> *"Wer die Weisheit von oben hat, der ist erstens rein, sodann friedfertig, gelinde, lässt sich leicht etwas sagen, ist barmherzig und bringt gute Früchte hervor, unparteiisch und aufrichtig" (Jakobus 3,17).*

Lasst uns auf diese Weise ins Gebet gehen, um unseren Glauben und unsere Dankbarkeit auszudrücken. Danken wir für die Liebe, die Gott uns jeden Tag schenkt, und dafür, dass Gott uns durch alle Herausforderungen des Lebens führt.

Erkennen wir an, dass Gebet und Lobpreis dauerhafte Begleiter in unseren Leben sind, um uns mit Christus zu verbinden und Seinem Wesen nahe zu sein.

Herr, im Gebet bitten wir Dich,

uns Demut zu lehren und den Hochmut in unseren Gedanken zu zügeln. Lass uns im Lobpreis unsere Emotionen zur Ruhe bringen und unsere Augen für

Deine Gegenwart öffnen. Hilf uns, von selbstsüchtigen Tendenzen loszulassen und uns in Christus wiederzufinden, so wie Er sich selbst erniedrigte und bis zum Tod am Kreuz Treue zeigte.

Jesus Christus, Du bist unser Vorbild, und wir wollen Dir nachfolgen. Du hast Deine göttliche Autorität aufgegeben und Dich demütig gemacht, um uns zu erlösen.

Darum hast Du den Namen erhalten, der über allen Namen steht. Mögen unsere Herzen immer daran erinnert werden, Deinem Beispiel zu folgen und in Demut und Liebe zu leben.

Mögen unsere Gebete und Lobpreisungen stets Ausdruck unserer tiefen Dankbarkeit und unseres Vertrauens in Dich sein. Führe uns, Herr, in Deiner Weisheit und Güte, damit wir Deine Liebe und Treue mit anderen teilen können.

Amen.

5. WIR SIND ZUR FREIHEIT BERUFEN

Wir sind zur Freiheit berufen. Diese Worte klingen wie Musik in unseren Ohren. Sie erinnern uns daran, dass wir nicht länger Sklaven sind, sondern frei sind, um unser Leben in Vollkommenheit zu leben. Aber was bedeutet es, zur Freiheit berufen zu sein? Was ist diese Freiheit, von der die Bibel spricht? Die Antwort auf diese Frage finden wir in den Schriften. So heißt es bereits im ersten Gebot:

> *"Ich bin der HERR, dein Gott, der dich aus Ägyptenland, aus der Knechtschaft, geführt hat. Du sollst keine anderen Götter neben Mir haben" (2. Mose 20,2-3).*

Wir werden aus der Knechtschaft in die Freiheit geführt von Gott. Gott möchte, dass wir frei sind und ruft uns dazu auf, keine anderen Götter Ihm gleich zu stellen. Die Aussage *„Du sollst keine anderen Götter neben mir haben"* ist ein Aufruf zu Freiheit. Dies verdeutlicht sich im zweiten Gebot:

"Du sollst dir kein Bildnis noch irgend ein Gleichnis machen, weder von dem, was oben im Himmel, noch von dem, was unten auf Erden, noch von dem, was im Wasser unter der Erde ist. Bete sie nicht an und diene ihnen nicht" (2. Mose 20,4-5).

Paulus sagt: *"Zur Freiheit hat uns Christus befreit! So steht nun fest und lasst euch nicht wieder das Joch der Knechtschaft auflegen" (Galater 5,1).* Wir sind nicht mehr gefangen in den Ketten des Leids und der Verzweiflung. Wir sind nicht länger Sklaven unserer eigenen Begierden und Leidenschaften. Wir sind frei, um ein Leben zu führen, das von Freude, Frieden und Liebe erfüllt ist. Aber diese Freiheit ist nicht einfach eine Freiheit von etwas. Es ist auch eine Freiheit zu etwas. In 2. Korinther 3, 17 sagt Paulus: *"Wo aber der Geist des Herrn ist, da ist Freiheit."*

Diese Worte erinnern uns daran, dass die Freiheit, die Christus uns gebracht hat, mit dem Heiligen Geist einhergeht. Der Heilige Geist ist das Geschenk, das Christus uns gegeben hat, um uns zu führen und zu inspirieren. Er gibt uns die Kraft, unsere eigenen Begierden zu überwinden und ein Leben zu führen, das Gott ehrt. Er gibt uns die Fähigkeit, in Liebe und Harmonie mit anderen zu leben. Es ist ein Ruf, nichts zu vergöttern, weder irdisches noch himmlisches. Keine Ideologien, Weltanschauungen, keine anderen Menschen - wir sollten uns nicht von der Meinung eines Einzelnen abhängig machen und ihn zum Guru erheben.

"*An ihren Früchten sollt ihr sie erkennen*" *(Matthäus 7,16),* so lautet der Aufruf. Wir sind aufgefordert, gottesfürchtige Menschen anhand ihrer Taten und ihres Wirkens zu erkennen - an ihren Früchten, die ihr Leben hervorbringt. Denn wer viele schöne Worte spricht, doch nicht danach handelt, bleibt ein leerer Ton.

Es ist ebenso unklug, den Namen des Herrn leichtfertig zu verwenden. Denn nur wer in Gottesfurcht lebt und demütig wandelt, wird auch in seinen Taten das Gute sichtbar werden lassen. Das Wort allein ist nicht genug, es bedarf der Tat. Denn die Frucht des Lebens ist das, was uns wahrhaft auszeichnet- es sind die Taten, die wir vollbringen, und die Art und Weise, wie wir unser Leben leben. Nur so vermögen wir wahrhaftig zu zeigen, wer wir sind und was wir glauben. Und nur wer in der Tat und in der Demut wandelt, kann den Namen des Herrn wahrhaftig preisen.

Lasst uns daher nicht nur schöne Worte sprechen, sondern sie in die Tat umsetzen. Die Früchte unserer Arbeit sollen wir hervorbringen und die Demut in unseren Herzen tragen. Nur so können wir ein Vorbild für andere sein und den Namen des Herrn auf angemessene Weise preisen. Die Anerkennung der Taten eines Mitmenschen, der Gutes vollbringt und uns inspiriert, ist eine Tugend.

Wir sollten seine Werte teilen, ohne uns jedoch in der Anbetung der Person zu verlieren oder uns bedingungslos unterzuordnen. Es ist eine Kunst, sich von der Abhängigkeit zu befreien und dabei den Respekt für unseren Nächsten zu wahren. Dadurch erlangen wir die Freiheit, unser eigenes Leben zu gestalten. Die Vergötterung anderer hingegen drückt uns nieder und verhüllt Gottes Wahrheiten vor uns. Möge daher die Wertschätzung zu unserer Grundhaltung werden und nicht die Anbetung von Persönlichkeiten oder Weltanschauungen. Mögen wir Gottes Namen Ehre erweisen.

> "*Du sollst den Namen des HERRN, deines Gottes, nicht missbrauchen; denn der HERR wird den nicht ungestraft lassen, der seinen Namen missbraucht*" *(2. Mose 20,7).*

Dieses Gebot erinnert uns daran, dass Gottes Namen nicht nur im Fluchen missbraucht werden soll, sondern auch der Verbreitung falscher Lehren und böser Taten in Seinem Namen sollen wir uns enthalten. Denn Sein Name ist nicht für das Schlechte oder das Lügen geschaffen, sondern für das Gute und das Wahre. Das nächste Gebot spricht zur Freiheit in uns und ermahnt uns, nicht unser gesamtes Leben der weltlichen Arbeit zu widmen. Es ruft uns dazu auf, uns an einem Tag von all unseren Tätigkeiten zu befreien und uns auf das Göttliche auszurichten. Nur durch eine Erinnerung an die höheren Kräfte können wir wahre Freiheit finden und unser inneres Wesen entfalten. Daher:

> *"Gedenke des Sabbattages, dass du ihn heiligst. Sechs Tage sollst du arbeiten und alle deine Werke tun; aber am siebenten Tage ist der Sabbat des HERRN, deines Gottes" (2. Mose 20,8-10).*

Lassen wir also unsere Gedanken auf das Göttliche ausrichten und uns an einem Tag in der Woche von der Arbeit befreien. Möge dieser Tag dazu dienen, unsere innere Freiheit zu finden, Christus näher zu kommen und unserem Leben eine neue Perspektive zu verleihen. Nur auf diese Weise können wir den wahren Sinn unseres Lebens erkennen und eine tiefe Verbundenheit zum Höheren erfahren.

"Ehre Vater und Mutter, auf dass du lange lebst in dem Lande, das dir der HERR, dein Gott, geben wird" (2. Mose 20,12).

Es ist eine anspruchsvolle Aufgabe, die Eltern zu ehren, selbst wenn sie voller Fehler sind. Oft neigt man dazu, sie für missliche Lagen im eigenen Leben verantwortlich zu machen. Eine solche Haltung jedoch führt zu Unfreiheit, denn sie legt das eigene Leben in die Hände anderer. Verachtung kann in solchen Beziehungen Einzug halten und das Herz verhärten. Eine wertschätzende und respektvolle Haltung hingegen, kann als ein Akt des Ehrens betrachtet werden. Denn trotz all ihrer Fehler haben uns unsere Eltern das Leben in dieser Welt geschenkt und uns die Möglichkeit gegeben, daran zu wachsen und zu lernen.

Wir sollten dankbar sein für die Erfahrungen, die wir machen durften und uns von ihnen inspirieren lassen. So können wir auch aus einem herausfordernden Leben lernen und andere durch ähnliche Umstände begleiten und unterstützen. Dieser Gedanke lässt sich auch auf unseren Umgang mit dem Vater-Staat und der Mutter-Erde übertragen. Auch sie verdienen unsere Achtung und unseren Respekt. Das bedeutet jedoch nicht, dass wir mit allem einverstanden sein müssen, was von ihnen vorgegeben wird. Auch sollten wir sie nicht vergöttern, wie uns im zweiten Gebot gelehrt wurde.

Mögen wir also eine ehrenvolle Haltung einnehmen, sowohl gegenüber unseren Eltern als auch gegenüber dem Staat und der Natur. Mögen unsere Dankbarkeit und Achtung uns zu einer tieferen Verbindung mit dem Leben, uns selbst und Gott führen. Denn nur durch die Achtung vor anderen und der Welt können wir unsere eigene Würde wahren und in Freiheit leben.

"Du sollst nicht töten" (2, Mose 20,13).

Nimm niemandem die Freiheit, ein Leben in dieser Welt zu führen. In jedem Menschen lodert ein Funke des Göttlichen, ein Hauch des Unendlichen, der sich in seiner einzigartigen Persönlichkeit und in seinem freien Willen ausdrückt. Bitte lasst uns auch nicht im Geiste Menschen töten, indem wir uns so etwas wünschen und diesen Wünschen einen Raum in unseren Gedanken geben.

Jeder von uns hat das Recht, sein Leben auf seine eigene Art und Weise zu leben, ohne von jemandem eingeschränkt zu werden. Denn nur in Freiheit können wir unser volles Potenzial entfalten und zu dem werden, was wir tief in unserem Inneren sind. Jeder Mensch verdient die Gelegenheit, seine Träume und Ziele zu verfolgen und sich selbst zu verwirklichen. Daher sollten wir uns stets davor hüten, anderen Menschen die Freiheit zu nehmen, ihr Leben nach ihrem eigenen Auffassung zu führen.

Es liegt nicht an uns, über das Leben anderer zu urteilen oder zu entscheiden, was für sie am besten ist. Stattdessen sollten wir ihnen Raum gewähren, ihre eigenen Entscheidungen zu treffen und ihre eigenen Erfahrungen zu sammeln. Möge unsere Gesellschaft stets den Wert und die Bedeutung der individuellen Freiheit schätzen und respektieren.

"Du sollst nicht ehebrechen" (2. Mose 20,14).

Ein Ja ist ein Ja, ein Versprechen ein Bekenntnis. Wenn wir uns entscheiden, uns selbst und anderen ein Versprechen zu geben, sollten wir es auch einhalten. Es ist eine Verpflichtung, die wir eingehen, ein Bündnis zwischen zwei Menschen, die sich aus freiem Willen ineinander geben. Sie verzichten auf einen Teil ihrer Freiheit und sind bereit, füreinander zu leben und zu arbeiten. Wenn das Vertrauen eines anderen missbraucht wird, betrügt man nicht nur, sondern raubt auch einen Teil seiner Freiheit.

Jeder Mensch hat das Recht auf Selbstbestimmung und Freiheit. Wenn man das Vertrauen und die Freiheit eines anderen beschränkt, so stiehlt man auch einen Teil von ihm selbst. Ähnliches gilt auch für Diebstahl, der nicht nur materiellen Schaden anrichtet, sondern auch die Freiheit eines anderen raubt.

Jeder Mensch investiert Zeit und Mühe in seine Arbeit, um seinen Lebensunterhalt zu verdienen. Der Besitz, den er durch seine Arbeit erwirbt, symbolisiert seine Freiheit und Selbstbestimmung. Wenn jemand diesen Besitz stiehlt, raubt er nicht nur materiellen Besitz, sondern auch die Freiheit und Selbstbestimmung, die dieser Besitz repräsentiert. Darum heißt es:

"*Du sollst nicht stehlen*" *(2. Mose 20,15).*

Ein altes Sprichwort besagt: "*Nichts im Leben ist umsonst.*" Jeder Erfolg, jedes Geschenk und jede Erbschaft haben ihre Ursachen und ihre Gründe. Denn niemand bekommt etwas, das er oder sie nicht verdient hat. Obwohl es manchmal schwer fällt, das Glück oder die Gunst anderer anzunehmen, sollten wir uns daran erinnern, dass alles, was wir erhalten, auf irgendeine Weise mit unserer Arbeit und unserem Einsatz zusammenhängt und Verantwortung mit sich bringt.

Diese Erkenntnis sollte uns ermutigen, dankbar und demütig für alles zu sein, was wir bekommen. Dies gilt auch für Erbschaften und Geschenke, die uns scheinbar ohne unser eigenes Zutun zuteilwerden. Denn auch sie haben ihren Ursprung in den Bemühungen und Entscheidungen anderer, die sie uns als Zeichen ihrer Wertschätzung oder Dankbarkeit hinterlassen.

Möge uns diese Erkenntnis dazu motivieren, dankbar und demütig zu sein für alles, was wir empfangen. Möge uns bewusst sein, dass unser Leben mit unserem Einsatz und unseren Handlungen verknüpft ist und wir das bekommen, was wir verdienen. Möge diese Erkenntnis uns zu mehr Wertschätzung und Dankbarkeit im Leben führen und uns auf unsere innere Stärke und Leistung vertrauen lassen.

"Du sollst kein falsches Zeugnis reden wider deinen Nächsten" (2. Mose 20,16).

Die Wahrheit ist das Fundament jeder Beziehung, sei es zwischen Menschen oder Institutionen. Sie ist das Bindeglied, das das Vertrauen und die Glaubwürdigkeit aufrechterhält. Lügen hingegen sind eine Form von Betrug, die Misstrauen und Zweifel säen. Manchmal ist es besser zu schweigen, als die Wahrheit zu verdrehen oder zu verbergen. Denn Lügen untergraben nicht nur das Vertrauen zwischen Menschen, sondern auch die Glaubwürdigkeit von Informationen und Nachrichten.

Wenn Menschen lernen, dass sie niemandem vertrauen können, können sich Zweifel und Ängste einschleichen, die zur Unfreiheit führen. Lügen sind auch stets ein Missbrauch von Macht. Wer lügt, nutzt das Vertrauen und die Schwäche anderer aus, um seine eigenen Interessen durchzusetzen. Das ist ein

Verrat an der Freiheit und der Selbstbestimmung, die jedem von uns zusteht.

Lasst uns stets danach streben, die Wahrheit zu sprechen und unser Vertrauen in andere zu bewahren. Möge unsere Gesellschaft auf Wahrheit aufgebaut werden, um eine freie und gerechte Welt zu erschaffen. Lasst uns das Vertrauen zwischen uns stärken und das Fundament legen für eine Welt, in der Freiheit und Wahrhaftigkeit den höchsten Stellenwert haben.

Doch unser höchstes Ziel sollte nicht die Rettung der Welt sein. Oftmals bringt ein solcher Gedanke Feindseligkeit hervor und wird von jenen getrübt, die im Namen einer anderen Weltanschauung handeln. Stattdessen sollten wir uns auf das Wesentliche konzentrieren: die Umsetzung des Christus in unserem eigenen Leben. Nur so können wir innere Heilung und Frieden in uns und um uns herum erfahren.

Eine friedvolle und freie Welt sollte erblühen aus unserem Leben mit Christus. Lassen wir uns also nicht von der Versuchung leiten, Feinde zu schaffen, sondern richten wir unseren Blick auf das Göttliche, das in jedem von uns wohnt, wie wir dazu aufgerufen werden in:

> *„Ihr habt gehört, dass gesagt ist: Du sollst deinen Nächsten lieben und deinen Feind hassen. Ich aber sage euch: Liebt eure Feinde, und betet für die, die euch verfolgen, damit ihr Söhne eures Vaters seid, der in den Himmeln ist! Denn er lässt seine Sonne aufgehen über Böse und Gute und lässt regnen über Gerechte und Ungerechte. Denn wenn ihr liebt, die euch lieben, welchen Lohn habt ihr?" (Matthäus 5,44-46).*

Jegliche schlechte Tat beginnt schon bei uns selbst, indem wir danach trachten. In der Tiefe unseres Seins tragen wir alle den Funken der Unzufriedenheit, der uns antreibt, immer mehr zu wollen und zu begehren. Neid, Gier und Lust sind die Dunkelheiten, die uns dazu verleiten, auf das zu schielen, was andere haben, anstatt uns auf das zu konzentrieren, was wir selbst haben. Wir blicken auf unseren Nächsten und beneiden ihn um das, was er hat.

Der gängige Spruch "*Das Gras ist immer grüner auf der anderen Seite*" spiegelt diese menschliche Neigung wider, zu glauben, dass unser Besitz nicht ausreicht und dass das, was andere haben, besser ist. Doch in dieser Einstellung liegt die Wurzel allen Übels. Darum lautet es:

> "*Du sollst nicht begehren deines Nächsten Haus. Du sollst nicht begehren deines Nächsten Weib, noch seinen Knecht, noch seine Magd, noch sein Vieh, noch alles, was dein Nächster hat*" *(2. Mose 20,17).*

Wenn wir ständig danach trachten, was andere besitzen, sind wir unfähig, die Schönheit und Fülle unseres eigenen Lebens zu erkennen. Wir geben unsere Macht und Freiheit auf, indem wir uns an etwas klammern, das uns nicht gehört, und damit unser Leben und das Leben anderer belasten.

Diese Erkenntnis sollte uns dazu bewegen, unsere eigenen Gaben und Talente zu schätzen und zu ehren, uns auf das zu fokussieren, was wir haben, anstatt uns auf das zu fixieren, was andere haben. Möge uns dies zu einem erfüllteren und reichhaltigeren Leben führen, in dem wir authentisch bleiben und uns von den Dunkelheiten des Neids, der Gier und der Lust befreien, um Christus Raum zu geben.

Wie können wir nun diese Freiheit in unserem Leben verwirklichen? Im Johannesevangelium sagt Jesus: "*Die Wahrheit wird euch frei machen*" *(Johannes 8, 32)*. Diese Worte erinnern uns daran, dass die Freiheit, die Christus uns gegeben hat, auf der Wahrheit gründet. Wir müssen die Wahrheit suchen und annehmen, um in Freiheit zu leben. Die Wahrheit über uns selbst, unsere Mitmenschen und unseren Schöpfer zu erkennen, ist entscheidend, um ein

Leben auf der Grundlage von Liebe und Wahrheit zu führen. Wir müssen Christus erkennen. Doch die Freiheit, zu der wir berufen sind, kommt nicht ohne Kosten. Petrus sagt:

> "*Als Freie und nicht als solche, die die Freiheit als Deckmantel für ihre Bosheit haben, sondern als Knechte Gottes" (1. Petrus 2, 16).*

Diese Worte erinnern uns daran, dass die Freiheit, die uns Christus gegeben hat, mit Verantwortung einhergeht. Jegliche genauere Betrachtung des Menschen zeigt, dass wir immer etwas anbeten, sei es Fußball, Religion, Politik, unser Ego oder anderes. Darum lasst uns Gott in unserem Leben diese Ehre erweisen.

Wir müssen unsere Freiheit nutzen, um Gott und unseren Mitmenschen zu dienen. Unsere Freiheit nicht als Entschuldigung für schlechtes Verhalten zu verwenden, sondern als Gelegenheit, ein Leben im Einklang mit dem Willen Gottes zu führen.

"Denn ihr seid zur Freiheit berufen, Brüder und Schwestern. Doch nutzt die Freiheit nicht als Anlass für das Fleisch, sondern dient einander in Liebe" (Galater 5, 13).

Diese Worte erinnern uns daran, dass unsere Freiheit nicht allein für uns ist, sondern für alle um uns herum. Unsere Freiheit zu nutzen, um anderen zu helfen und zu dienen, drückt sich auch in den Worten von Paulus aus:

"Denn das ganze Gesetz ist in einem Wort erfüllt, in dem: ‚Du sollst deinen Nächsten lieben wie dich selbst'" (Galater 5,14).

Wenn wir uns aus unserer Freiheit dazu entscheiden, uns selbst und anderen zu dienen und zu lieben, werden wir in Liebe leben. Wir werden in der Freiheit leben, die auf der Wahrheit gründet. Wir werden in der Freiheit leben, die uns zur Freude und zum Frieden führt.

> *"Die Frucht (...) des Geistes ist Liebe, Freude, Friede, Geduld, Freundlichkeit, Güte, Treue, Sanftmut, Enthaltsamkeit; gegen solche Dinge gibt es kein Gesetz" (Galater 5, 22-23).*

Diese Worte erinnern uns daran, dass die Freiheit, zu der wir berufen sind, in der Frucht des Heiligen Geistes gipfelt. Wenn wir in der Liebe, Wahrheit und Freiheit leben, die Gott für uns vorgesehen hat, werden wir ein erfülltes und sinnvolles Leben finden.

> *"Zur Freiheit hat uns Christus befreit! So steht nun fest und lasst euch nicht wieder das Joch der Knechtschaft auflegen" (Galater 5,1). "In ihm haben wir die Erlösung; durch sein Blut, die Vergebung der Vergehungen, nach dem Reichtum seiner Gnade" (Epheser 1,7).*

In der Freiheit, zu der wir berufen sind, finden wir Gerechtigkeit, Gnade, Frieden und Liebe. Lasst uns dies in einem Gebet verkünden.

Lieber Gott!

Wir danken Dir für die Freiheit, zu der Du uns berufen hast, und dafür, dass Du uns durch Deinen Sohn Jesus Christus erlöst hast.

Wir bitten Dich, dass Du uns dabei hilfst, in der Frucht des Heiligen Geistes zu leben - in Liebe, Freude, Frieden, Geduld, Freundlichkeit, Güte, Treue, Sanftmut und Enthaltsamkeit.

Mögen diese Dinge, die von Deinem Geist kommen, in uns wachsen und uns helfen, ein Leben zu führen, das erfüllt und sinnvoll ist.

In Christus haben wir die Erlösung und die Vergebung unserer Vergehungen. Wir bitten Dich, dass Du uns dabei hilfst, immer in seiner Gnade zu bleiben und uns nicht wieder unter das Joch der Knechtschaft zu begeben.

Mögen wir in der Freiheit leben, zu der Du uns berufen hast, und darin Gerechtigkeit, Gnade, Frieden und Liebe finden. Wir danken Dir für Deine unendliche Güte und Liebe.

Amen.

6. FAZIT

Ein großer Punkt, mit dem ich gerungen habe, als ich diese Zeilen schrieb, war die Aussage, dass nicht jeder sich zum Lehren berufen fühlen soll. Mögen diese Worte nicht als Belehrung verstanden werden, denn sie sind nicht dazu bestimmt, als solche zu wirken. Vielmehr sollen sie als ein Spiegel dienen, der den Lesenden einlädt, den Blick auf sich selbst zu lenken und in den Tiefen ihrer eigenen Gedanken und Empfindungen nach Wahrheit und Klarheit zu suchen.

In den lehrreichen Erzählungen der faszinierenden Geschichten, finden wir spirituelle Reisen, die uns aufzeigen, wie leicht es ist, den Fokus auf das wahrhaft Bedeutsame zu verlieren, wenn wir uns in den Fesseln des Alltäglichen und Weltlichen verstricken. Wie Narada sind auch wir gelegentlich blind gegenüber unserer Berufung, die Liebe und Wahrheit Gottes zu verwirklichen. Wie Petrus sind auch wir gelegentlich von Zweifel überrannt und vergessen auf die Hoffnung und die Treue Gottes. Wie Hiob sind auch wir gelegentlich von Plagen gepeinigt und werden in unserem Glauben herausgefordert.

Der Zweifel, der vom Verstand getrieben wird, kann uns in manchen Situationen herausfordern und uns zum Nachdenken über unsere eigenen Handlungen, Motive und Überzeugungen anregen. Wenn wir uns jedoch von diesen Zweifeln und negativen Emotionen wie Missgunst, Neid, Hass und Abwertung leiten lassen, kann dies zu einer Spirale der Selbstzweifel und des negativen Urteilens über andere führen. In solchen Momenten sollten wir uns an die Worte Jesus Christus erinnern, die uns auffordern, zunächst auf unsere eigenen Fehler zu achten, bevor wir andere beurteilen.

Ein gerechtes Urteil ist wichtig, aber wir sollten sparsam damit umgehen und uns bewusst sein, dass unser Urteilen und Verurteilen anderer auch

Auswirkungen auf uns selbst hat. Die Bibel mahnt uns, Kritik und Ermahnung in Liebe und Ehrlichkeit anzunehmen und unsere Weisheit und unser Wissen mit Liebe zu verbinden. Die Rolle der Lehrenden ist eine große Verantwortung und erfordert, dass wir uns auf Gottes Weisheit und Führung verlassen, um anderen helfen zu können.

Die Gefahr besteht darin, dass wir uns in unserem Streben nach Wissen und Weisheit selbst erhöhen und vergessen, dass unsere Erkenntnis begrenzt ist und dass wir immer auf Gott angewiesen sind. Die Bibel warnt uns davor, unseren Verstand und unsere Emotionen in den Vordergrund zu stellen und uns von ihnen leiten zu lassen.

Vielmehr sollten wir unseren Fokus auf Christus und Seine Lehren richten und in Liebe handeln. Das Gebet und der Lobpreis sind wichtige Aspekte unseres geistlichen Lebens, die uns helfen, unsere Dankbarkeit und Freude gegenüber Gott zum Ausdruck zu bringen. Dabei sollten wir jedoch darauf achten, dass wir nicht nur unsere eigenen Bedürfnisse und Sehnsüchte im Vordergrund sehen, sondern versuchen den Willen Gottes zu erkennen.

Indem wir uns auf Gottes Weisheit, Liebe und Führung verlassen, können wir den Herausforderungen des Zweifels und der negativen Emotionen begegnen, die in unserem Verstand Fuß fassen. So können wir ein Leben führen, das geprägt ist von Gerechtigkeit, Frieden und der Anerkennung unserer Abhängigkeit von Gott. In diesem Sinne lasst uns die *„Weherufe"* Christi vor Augen führen, um die Stolpersteine, die uns im Weg stehen können, zu erkennen:

> *„Wehe euch Schriftgelehrten* [die ihr glaubt zu wissen]*! (…) Ihr verschließt das Himmelsreich vor den Menschen. Ihr findet selbst den Zugang nicht und so wollt ihr auch denen den Zugang versperren, die ihn finden können."*

„[Heuchler seid ihr!] *(…) Ihr verzehrt Haus und Habe der Witwen und gebt vor, dass ihr viele Gaben zu verrichten habt (dass ihr lange Gebete vorwendet). Ihr ladet schwere Schicksale auf euch (ihr werdet nur um so größeren Untergang erfahren).“*

„[Vergötzen lasst ihr euch!] *(…) Ihr durchzieht rastlos Land und Meer, um auch nur einen Anhänger zu gewinnen. Und habt ihr ihn erst, so macht ihr aus ihm einen Sohn des Abgrunds, doppelt so schlimm wie ihr selbst seid.“*

„ [Vergötzen tut ihr!] *(…) Ihr sprecht: Die Kräfte des Tempels anzurufen, hat keinen Sinn, erst wer beim Gold des Tempels schwört, dem nützt sein Schwur. Wie töricht und blind seid ihr! Was ist größer, das Gold oder der Tempel, durch den das Gold erst geheiligt wird? (…) Wer die Kraft des Tempels anruft, ruft zugleich den an, der darin wohnt, und wer die Kraft des Himmels anruft, ruft zugleich den göttlichen Thron an und den, der darauf thront."*

„[Habgierig seid ihr!] *(...) Ihr nehmt den Zehnten ein von den Gewürzkräutern, aber das, was schwer und gewichtig ist im Gesetz, lasst ihr beiseite (unbeachtet)! Die Selbsterkenntnis (Gericht), die Liebe (Barmherzigkeit) und den Glauben des Herzens. Dies soll man tätig erstreben, jenes braucht man nicht zu lassen. Blinde Führer seid ihr! Ihr findet die Mücke im Tranke, aber das Kamel schluckt ihr mit."*

„[Verblendete seid Ihr!] *(...) Ihr reinigt den Kelch und die Schale von außen. Innen aber sind sie voll Gier und Gift. Reinigt zuerst das innere des Kelches, dann erst hat es einen Sinn, dass er von außen rein ist."*

„[Scheinheilig seid ihr!] *(...) Ihr gleicht weißgetünchten Gräbern. Von außen sind sie schön, im Innen aber sind sie voll Totengebein und Unreinheit aller Art. So seid ihr selbst! Von außen erscheint ihr vor den Menschen als dem Guten hingegeben, im inneren aber seid ihr voller Falschheit und Chaos (außen erscheint ihr fromm, aber im Innen seid ihr voller Heuchelei)."*

„[Mörder seid ihr!] *(…) Ihr baut den Propheten Grabmäler und schmückt die Denkmäler der Gottesmänner (Gerechten) und sprecht: Wären wir zur Zeit unserer Väter dagewesen, wir wären an dem Blute der Propheten nicht mitschuldig geworden. Ihr stellt euch damit doch bloß das Zeugnis aus, Söhne derer zu sein, die die Propheten getötet haben. Und ihr macht das Maß eurer Väter voll."*

„[Schlangen seid ihr!] *Ihr Schlangen (…), wie sollt ihr bei der großen Entscheidung dem Sturz in den Abgrund entgehen? Siehe, ich werde Propheten, Weise und Gelehrte zu euch senden. Die einen werdet ihr töten und (…) jagen. Es muss sich aber einmal auf der Erde das unschuldig vergossene Blut an (...) der heutigen Menschheit rächen" (Matthäus 23,13-36).*

Es gilt, uns der verhängnisvollen Versuchung zu entziehen, in unseren eigenen Bedürfnissen und Wünschen zu versinken, und stattdessen den Blick auf das zu richten, was wahrlich zählt - unsere Verbindung zu Christus, die Erkenntnis von Gott und die aufrichtige Liebe zu unseren Nächsten.

Veranschaulichen wir uns stets die Vergänglichkeit der weltlichen Dinge, die einerseits als Gottes Gaben erscheinen, andererseits jedoch uns vereinnahmen und uns vom Wesentlichen ablenken können. Letztlich ist der Himmel Gottes Thron und die Erde der Hocker seiner Füße (vgl. Apostelgeschichte 7,49; Jesaja 66,1).

Mögen wir, auf unserem Weg durchs Leben, den Zweifel mit Wahrheitsstreben ersetzen und alle Gaben, leidbringende als auch freudige, verantwortungsvoll annehmen. Gebet und Lobpreis dienen als wichtige Werkzeuge, um uns auf Gott auszurichten, Ihn zu ehren und Seinen Willen in unserem Leben zu suchen. Durch das Gebet und den Lobpreis können wir uns von selbstsüchtigen Tendenzen lösen, demütig werden und uns für Gottes Führung öffnen.

Das Streben nach Liebe, Weisheit und geistlichen Gaben ermöglicht es uns, anderen zu dienen und ein Leben zu führen, das Gott ehrt und Seinem Beispiel entspricht. Lasst uns himmlische Schätze sammeln, indem wir das Wesentliche hervorheben und uns von der göttlichen Liebe leiten lassen, denn letztlich sind wir berufen in Freiheit zu leben.

Vergegenwärtigen wir uns zum Abschluss die Worte Christus, die Er bei der Bergpredigt an seine Jünger richtete:

> *„Glückselig, die Bettler um Geist, das Himmelreich ist ihrer."*

„Glückselig, die das Erdenleid tragen, sie sollen getröstet werden."

„Glückselig, die ihre Seelen zum Gleichmut erziehen, im eignen Ich empfangen sie den Sinn der Erde."

„Glückselig, die hungern und dürsten nach dem Sein des Guten (Gerechtigkeit), ihr eigenes Tun wird ihnen den Hunger stillen."

„Glückselig, die Liebe-Übenden (Barmherzigen), denn ihnen wird wiederum Liebe zuteil."

„Glückselig, die reines Herzens sind, denn sie werden darin den Gott schauen."

„Glückselig, die den Frieden in die Welt bringen (Friedfertigen), sie werden dadurch zu Söhnen Gottes."

„Glückselig, die Verfolgung erleiden, weil sie dem höheren Leben (der Gerechtigkeit) dienen. Das Reich der Himmel ist in ihnen."

„Glückselig seid ihr, wenn man euch schmäht und verfolgt und Worte des Hasses und Truges gegen euch schleudert, weil mein Ich (Christus) in euch lebt. Freut euch und frohlocket (seid getröstet); in den Himmeln ist euch der volle Schicksalsausgleich zubereitet (es wird euch im Himmel wohl belohnt werden). Hat man nicht vor euch die Propheten ebenso geschmäht und verfolgt?" (Matthäus 5, 3-12).

Amen.

7. ABSCHLUSSWORTE DES AUTORS

Ich verstehe mich nicht als ein Theologe und habe auch keine formale Ausbildung in christlichen Themen. Tatsächlich bin ich auf weiten Umwegen zum Glauben gekommen und habe das Gefühl, dass ich eigentlich kein Recht habe, über diese Themen zu sprechen. Im Laufe meines jungen Lebens habe ich jedoch aus unterschiedlichen spirituellen Richtungen Erfahrungen gesammelt, die mir schwer auf dem Herzen liegen, da ich immer wieder Menschen sehe, die über dieselben Steine stolpern.

Ich möchte zum Nachdenken und Reflektieren des eigenen Lebens anregen. Ich denke oft über die großen und auch kleinen Fragen des Lebens nach und versuche, meine Erfahrungen und Beobachtungen in Bezug auf meinen Glauben zu bringen. Ich habe erkannt, dass ich mich in der Vergangenheit auf Abwege begeben hatte und dass Christus mich auf den rechten Weg zurückwies.

Obwohl ich keine theologischen Kenntnisse habe, habe ich eine Leidenschaft für das Wort Gottes entwickelt. Ich habe entdeckt, dass die Worte Jesus Christus und die Geschichten der Bibel mir helfen, ein besseres Verständnis für das Leben und die Welt um mich herum zu erlangen.

Trotz der fehlenden Autorität über solche Themen zu sprechen, liegt es mir auf dem Herzen, Verhaltensweisen aufzuzeigen, die Menschen auf Irrwege führen können, die auch ich beschritt. Mich treibt weder eine offizielle Autorität noch Wissensdurst an, sondern mein tiefer Glaube und Liebe zur Wahrheit. Ich ermutige andere, sich auf die Suche nach der Wahrheit zu begeben und die Verhaltensweisen zu hinterfragen, die von der biblischen Lehre und Christus abweichen.